孩子的社交

徐井才 ◎ 著

新华出版社

图书在版编目（CIP）数据

孩子的社交 ／ 徐井才著．-- 北京 ： 新华出版社，
2021.7
ISBN 978-7-5166-5920-5

Ⅰ．①孩… Ⅱ．①徐… Ⅲ．①心理交往－儿童教育－
家庭教育 Ⅳ．① G782

中国版本图书馆 CIP 数据核字 (2021) 第 114944 号

孩子的社交

作　　者：徐井才

责任编辑：杨　静　　丁　勇　　　　封面设计：李尘工作室

出版发行：新华出版社
地　　址：北京石景山区京原路 8 号　　　邮　　编：100040
网　　址：http://www.xinhuapub.com
经　　销：新华书店、新华出版社天猫旗舰店、京东旗舰店及各大网店
购书热线：010-63077122　　　　中国新闻书店购书热线：010-63072012

照　　排：博文设计制作室
印　　刷：永清县晔盛亚胶印有限公司

成品尺寸：145mm×210mm　　　　开　　本：32 开
印　　张：7　　　　　　　　　　　字　　数：150 千字
版　　次：2021 年 7 月第一版　　　印　　次：2021 年 7 月第一次印刷

书　　号：ISBN 978-7-5166-5920-5
定　　价：39.80 元

前　　言

社会性是我们的第一属性

　　孩子终将要走出家庭，走向社会。家长不可能庇护他们一辈子，更不可能扶持着他们走过每一段路程。所以，培养孩子的社交能力，增强他们对社会的认识，是每一个家长都需要做的事情。

　　在当今的大多数家庭中，孩子缺少年龄相近的兄弟姐妹作为进行社交训练的伙伴，所以他们很难在家庭中获得足够的社交经验，这就导致许多孩子的社交能力非常差，社交心理的发展与年龄很不匹配，这对于孩子日后的成长，是非常

不利的。为了弥补家庭社交的不足，家长应该更多地为孩子创造社交环境，并且通过科学有效的方式，对孩子进行初步的"社交训练"。

通过鼓励和引导孩子进行社交实践，孩子能够收获以下几个方面的回报：

第一，团队意识。

当今社会早已经不是单打独斗的蛮荒时代，只有通过合作共赢，才能获得最大的成功。而合作共赢并不仅仅是一种选择，它更是一种性格、一种印在脑海中的行为模式。一个习惯了独来独往的人，不可能在短时间内拥有团队意识；而一个从小就树立起了团队意识的人，他们早就学会了如何以最低的成本融入集体、创造价值。所以，培养孩子的团队意识，需要从小做起。

第二，满足感。

社会性是人的第一属性，大多数人只有与他人产生了足够多的正向联系之后，内心才会获得真正的安宁。孤独会摧毁一个人的幸福感和存在感，对人的身心发展产生不利影响。所以，为了孩子能够健康成长，我们应该教会他们去茫茫人海中，寻找可靠的朋友和伴侣。

第三，上进心。

社交给孩子提供了一个以人为镜的机会。在社交中，他们会发现他人身上的闪光点，他们会找到值得自己去追赶和超越的目标。他们不再是一个独自前行、走哪算哪的孤独行者，而是一个在人生路上不断超越、不断进取的奋进者。

　　社交能给孩子的，实在太多太多，而远离社交可能造成的伤害，也是显而易见的。作为家长，当然有必要让孩子去融入社会、融入集体，但是我们也不能简单粗暴地把孩子一把"推出家门"，让他们在毫无准备的情况下去面对陌生的环境和陌生的人。本书旨在帮助家长科学、有效地进行儿童社交训练，指导儿童进行社交实践，本书试图通过大量的儿童心理学分析和社交案例展示，向家长传递正确的儿童社交观念和方法，希望通过本书的出版，能为家长提供一些提升儿童社交水平的经验和理念，并为孩子更好地接触社会、融入集体创造有利条件。

目　录

第一章　在家"熊孩子"
出门"怂孩子"，怎么办

第二章　孩子需要掌握的五种社交"保护色"

第三章　一个心理学事实
——玩伴、同学比父母更能塑造人

第四章　沟通训练：带孩子领会"倾听的力量"

第五章　儿童领导力训练
——既然总要有人当第一，为什么不可以是"我"

第六章　校园社交是一门"隐形课程"

第七章　开启游戏时间，进入"社交演习"阵地

第一章
在家"熊孩子"
出门"怂孩子",怎么办

孩子在家在外两种性格,是让许多家长都头疼的事情。"分裂"的社交性格,如果不能有机地统一在一起,孩子将会面临更多的社交难题。家长应该怎么办?或许可以从本章内容中寻找到答案。

01/ 家里家外，
孩子为何表现大不相同

有些家长抱怨，自己的孩子在家里威武得很，说一不二，但是到了外面，却显得非常胆小，甚至看起来有些懦弱，家长们很担心：孩子这不成了"窝里横"了吗？

这种性格的孩子，其实在生活中是很常见的。造成这一性格的原因是多方面的，但其中最为重要的一个，是家长没有给孩子树立规则意识。

在家里，家长一味地妥协和退步，无形中摧毁了儿童规则意识，心理学家认为：在家庭中，家长对孩子一味妥协，最终"教会"了一项技能——发脾气。因为孩子发现，只要自己坚持发脾气，家长最终一定会妥协，自己一定能够达成目的。

事实上，在家长和孩子的接触中，孩子一直在无意识、隐蔽地探寻家长的底线。而过度溺爱孩子的家长，其实是没有底线的，这就给孩子造成了一个观念："只要我想要的东西，爸爸妈妈就会给我。如果他们不给，我就哭

就闹，最后他们还是会给我。"

　　孩子一旦意识到了这一点，那么发脾气、哭闹，就会成为他们的一种手段。不管大事小情，他们都会拿出这个手段来"要挟"家长。久而久之，孩子就形成了在家蛮横的性格特点。

　　正是因为孩子在家没有规则意识，骄横过度，享受惯了众星捧月、有求必应的"待遇"，所以当他们到了家庭以外的环境中之后，就立刻会感觉到"这儿和家里不一样，没有人会无条件地满足我的需求"，因此孩子会变得非常没有安全感，最终导致他显得比较懦弱。

　　日本著名企业家稻盛和夫，曾经就是一个在家非常蛮横、出门很胆小的孩子。他在自传里说："我在家里的时候，是一个爱哭郎，还特别爱撒娇。但是一旦走出家门，就会觉得非常不适应。我上学的第一天，必须要时时刻刻看到妈妈就在不远的地方才能安心上课，只要我发现妈妈离开了，就马上产生了无比孤独、恐惧的感觉，想要第一时间回家去。后来我知道，这一切的性格，都源于我在家里被保护得太好了。"

　　通过稻盛和夫的描述，我们可以知道，那些在家蛮横、出门很怂的孩子，其实他们的内心是孤独的，对社交活动是充满恐惧的。

如果孩子在家就能得到关于规则方面的教育,能够明白这世界上没有人会无限制骄纵自己的道理,那么当孩子出门之后,他就已经做好了"遵守规则、面对社交挫折"的准备,他自然就不再感到孤独和恐惧,会表现得更加从容自信。为了让孩子早点明白这个道理,家长可以从以下几个方面着手:

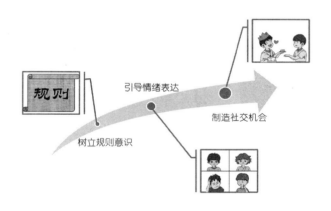

图1-1 "规则教育"

首先,在家里要树立规则。

规则之所以是规则,就是因为它不具备妥协性;凡是可以商量的、可以让步的,都不能称之为规则。例如,家

长规定孩子每天只能看一个小时的手机，周末的时候可以看三个小时。既然有了规矩，就要尽量严格地执行下去。结果呢，有些家长虽然定好了规矩，但是有一天家里来了朋友，他不希望孩子打扰自己和朋友聊天，于是扔给孩子一个手机，让他想看多久就看多久。

规则被家长打破了，结果就是，孩子也不会把你的规则当回事儿了，他们会主动要求延长看手机的时间，如果家长不同意，他们内心就充满了不忿——凭什么你说能看就看，你说不能看就不能看？因此他会哭闹、会抵抗，最终家长只好满足他的要求。这类事件发生的多了，家庭中的规则就失去了"权威"，孩子的规则意识自然就土崩瓦解了。

所以，树立规则意识的第一个要点是，家长要成为规则的执行者、维护者；第二，不能因为一些客观因素，就轻易打破规则。

当孩子具备了规则意识之后，他就会知道家长的界限在哪，在家里他不会"窝里横"。出了外面，他也能够轻松地融入规则中去，成为一个善于在"规则中跳舞"的社交小能手。

其次，家长要为孩子创造社交机会。

通过观察我们发现，那些在家开朗、出门内向的孩子，大多数都有一个相同点：社交活动开始的比较晚。心理学研究表明，三岁以前的孩子，在心理上是以自我为中心的，他们也没有社交的意识和需求，在这个年龄段的孩子看来，自己只要有爸爸妈妈就足够了，不需要其他朋友。但是如果我们因此就让孩子与世隔绝，那么等到他们3岁之后需要融入社会生活的时候，孩子就会在社交中显得有些"缺乏经验"，而糟糕的社交体验，会导致孩子产生一定程度的社交恐惧，在社交中显得非常被动。

所以，虽然3岁以下的孩子没有社交意识和需求，家长也应该想办法让他们去体验社交，通过家长的积极引导，孩子以后就可以尽快适应和过渡到新环境中。所以，如果家长带孩子出门的时候，遇见了其他小朋友，要鼓励他们与对方打招呼、交流、玩耍。更不要打压孩子对其他小朋友的好奇心和交流欲望。如果自己生活的周围同龄儿童很小，家长就要尽量多带孩子去一些同龄人多的地方，让他们提前感受"社会生活"。

之前我们说过，3岁以前的孩子以自我为中心，不具备社交的心理条件，但是没有关系，让他们以笨拙的、生涩的方式去和别人打交道，总比将孩子放到与世隔绝的环境

中更有好处。家长不要担心小孩子不懂事，他们一起玩的时候会不会伤到对方、伤到自己，只要家长监护得当，这些问题都是可以避免的。而且我们要知道，这个年龄段的孩子，他们的"抗挫折"能力其实很强，他们不会因为社交中出现的一些负面情况而"耿耿于怀"，所以家长不用怕过早的社交会影响孩子的心理发展，他们比我们想象中要坚强得多。

相反，如果超过了3岁，孩子的心理就开始进入"敏感期"，这个时候如果因为他们不善于社交，因为在社交中经常产生负面体验，那么就可能会影响到他们的心理发展。所以社交这件事情，宜早不宜迟，家长要学会为孩子主动创造社交机会。

最后，家长要教会孩子表达情绪。

在家里的时候，孩子的安全感比较强，所以不存在情绪表达的问题。而一旦来到了陌生的社交环境中，孩子的安全感就会下降，这个时候他们可能会羞于表达自己的情绪，因而显得有些"脆弱"。事实上，想要提高孩子表达情绪的能力，还是要通过培养孩子的规则意识和底线意识来达成目标。大多数情况下，孩子不敢表达，是因为"拿不准"自己的情绪是不是正确的，因而出现了"敢怒不敢言""受了委屈不知道该怎么办"等情况。如果孩子对规则很明确，对自己的底线也非常清楚，那么他们就会清楚明白自己什么时候可以忍耐一下，什么情况下应该表达抗议和不满，自然也就能够正确地表达情绪了。

另外，孩子在社交中不见得非要时时刻刻化身"谦谦君子"，家长也不要一旦发现孩子有了生气、愤怒、怨恨等情绪的时候，就马上去想方设法地消除孩子的所谓负面情绪。正确的情绪表达，不是抑制情绪，而是要教会孩子合理地释放情绪。一个敢笑敢怒、敢爱敢恨的孩子，才是真正"情绪的主人"。

作为家长，我们的最终目的是让孩子不管在什么样的环境中，都能保持情绪的稳定性和一致性，避免出现"在家熊孩子、出门怂孩子"的情况。正如之前所说，想要实现这一教育目的，我们需要记住三件事：树立规则意识、引导情绪表达、制造社交机会。通过践行这三项"重点教育"工作，可以让孩子拥有更好的社交体验和社交技巧。

02/ 情绪管理：先帮助孩子认识自己，再带他结识他人

上面我们已经提到了情绪管理的重要性，而关于儿童情绪管理的方法和理念，其实是值得所有家长深入了解的一项内容。所以，接下来将用比较长的篇幅，具体谈一谈儿童情绪管理的几个方面。

西雅图戈特曼研究所的创立者和领导者戈特曼教授认为，情绪管理是可以被"训练"的，它是孩子发展社交能力的一个基础。

在大多数情况下，孩子的情绪表达方式，来自他们对父母行为的模仿。有些家长很委屈，说："我的孩子动不动就对我大吼大叫，有时候会采取一些比较激烈的、过分的方式来与父母对抗。"事实上，那不是孩子在吼他、在对抗他，而是他自己与自己的对抗，因为孩子的行为是父母行为的一种"投射"。他的优点是从你那里学来的，缺点自然也是跟你学的。家长不能总是当孩子表现好的时候,就认为"我教育有方",孩子的某些方面表现得不好,就说:"也不知道像谁?跟谁学的?"

不用怀疑,好是你的,坏也是你的。

所以,最有效的一种儿童情绪训练方式,就是"家长示范"。

我们每个人都或多或少的有一些情绪失控的时候,但是当我们为人父为人母之后,切忌一件事情,不要在孩子面前展露自己失控的一面。因为孩子会模仿你的失控行为,并最终融入他们的性格里,让孩子也变成那种很容易情绪失控、情绪极端化的人。家长在孩子面前要展示良好情绪管理能力,如此一来,才能让孩子有样学样,变得更加理性、从容。

当然,仅仅是家长的示范,还不是儿童情绪管理训练的全部,示范的作用是切断"模仿负面情绪"的渠道,但就孩子本身而言,他自己本身也会滋生一些负面的情绪出来。孩子的行为是完全被情绪所引导的,所以,当孩子有了负面情绪之后,他们一定会作出一些"过激"的行为。遇到这样的情况,家长不要一味地打压孩子的行为、压抑孩子的情绪。而是要从以下几个方面,来不断提升儿童的情绪管理能力。

　　首先，要帮孩子认识自己的情绪。

　　认识情绪的过程，也是孩子认识自己、表达自己的过程。一般来讲，孩子很难准确的描述自己的情绪，尤其是负面情绪。大多数情况下，他们只会说"我不开心""我不高兴""我很难受"之类的话。为了提升孩子对情绪的感知力，家长可以通过引导，帮助他们拓展对不同情绪的认识和理解。例如，我们可以教孩子一些关于情绪的词汇，当孩子因为得到了某个他很希望得到的东西感到高兴的时候，我们可以对孩子说："你现在是不是感觉很幸福啊？"当孩子因为某件事情生气的时候，可以对孩子说："你现在是不是觉得很委屈？"

　　通过引导，孩子可以掌握更多关于情绪的词汇，当然，我们目的并不是教孩子词语，而是要通过词语的掌握，使得孩子拥有感知复杂情绪、表达高级情感的能力。

　　随着孩子慢慢长大，他们的情绪也更加丰富了，但是他们自身可能无法准确识别自己的复杂情绪，例如，孩子和其他小朋友吵架的时候，可能会同时出现：气愤、焦虑、恐惧等情绪交织在一起的情况，但是让孩子描述的话，他可能只会抓住其中一种重点情绪如"气氛"，并不断地放大这种情绪，这就造成了情绪的失衡。

家长可以在和孩子交流的时候，帮助他分析复杂情绪的组成，让他们对于自己的心理感受有更加细腻的认知。

其次，家长要理解孩子的情绪。

很多时候，家长会"以己度人"，用自己的社会经验去衡量孩子的情绪反应。孩子最喜爱的玩具丢了，伤心不已，家长却觉得"问题不大，再买一个就是了，没必要伤心"。一旦有了这样的想法，那么家长就很难真正理解孩子的情绪，更不要说引导了。所以，我们要站在孩子的立场上，和他们一起去感知情绪。

例如，两个小朋友玩得很高兴，但是家长要回家了。这个时候孩子的伤心程度，其实和大人与挚友分别时的感受是一样激烈的，只不过孩子的情绪表达更加直接，他们可能会哭闹、耍赖……此时，家长不要抱着"明天不就又见了吗"的心态，一把把孩子拖走，我们要告诉他们，分离只是暂时的，也是不得已的，让他不要过分伤心。

当孩子能够理解自己情绪的时候，他们就会意识到"我的情绪是正常的，是可以面对的"，这也是孩子自我认识的一部分。因此，孩子在表达情绪的时候，会更加从容一些。相反，如果家长总是不能理解孩子的情绪，压制孩子的情绪表达，久而久之，孩子在社交中就会更多地趋

向于"压抑自己的情绪"。心理学家说，情绪如果得不到宣泄，就会不断地积累，最终爆发的时候就会导致极端化的行为，所以，一旦孩子有了压抑自我的倾向时，这对他们的心理发展是非常不利的，可能会造成极端化的心理。到那时，负面情绪一旦爆发，就会带来更加负面的结果，相信这是家长不愿意看到的。

最后，教会孩子以合理的方式表达情绪。

我们不能压抑孩子的情绪，但与此同时，也不能放任孩子的情绪表达。

在生活中我们经常会发现，有些孩子表达情绪的方式，超出了应有的范围。例如：稍微有点不高兴，就摔东西或者对别人踢踢打打；情绪好的时候，肢体语言和表情都会变得非常失控，过度夸张。这都属于情绪表达失控的表现。

为了教会孩子正确的表达情绪，家长要做到两点：

第一点是认同情绪。例如：当孩子有了情绪，开始有过度表达的倾向时，家长先不要批评他，而是要说："妈妈知道你很生气、很郁闷、很担心，你之所以有这样的情绪，是因为……"通过这样的表述，可以让孩子知道，家长理解他、认同他的情绪。

第二点是行为分析。在家长表达了认同之后，就可以对孩子的行为进行限制和分析，家长可以对孩子说："我知道你有情绪，但是你想一想，你这样的行为，能帮助你解决问题吗？失去的玩具会因为你摔了家里一个杯子就回来吗？到了要回家的时候，爸爸会因为你踢了他两脚就让你在外面一直玩儿下去吗……不会的，所以我们有情绪是正常的，但是要想一想怎么做才能解决情绪，而不是发泄自己情绪。"

通过认同再加上行为分析，可以在不伤害孩子情绪表达的前提下，将情绪与错误表达方式分割开来，与正确的表达方式对应起来，进而拥有了"情绪管理"最重要的一种能力——以合适的方式表达情绪。

事实上，不仅很多孩子不具备以合适方式表达情绪的能力，很多大人也没有。生活中我们总是能看到稍微有点不高兴就"甩脸子""冷暴力"，以及稍微有点高兴就"得意忘形、乐极生悲"的成年人。之所以这样的人很多，就是因为从前的教育理念不够发达，家长对孩子的"情绪教育"比较薄弱。而今天，我们大部分家长都有了帮助孩子进行情绪管理的理念，相信等我们下一代长大之后，他们对于自己的情绪会有更好、更全面的认识，他们

管理情绪的水平也会越来越高。进而，他们的心态会越来越阳光，他们的社交能力会越来越强，社会整体效率也会因此而提高。

03/ 帮助孩子读懂社交规则

BBC电视台曾经拍摄过一部名为《孩子的小宇宙》（*The secret life of 4 years old*）的纪录片。影片中，两位4岁的小朋友参加了一个叫"幼儿园夏令营"的活动，事实上，这次活动是由电视台组织的，两个孩子在夏令营中的一举一动，都会被记录下来。由于影片中发生的一切都是真实的，所以在很多人的眼里，这不仅仅是一部纪录片，更是一个关于"儿童社交"的心理学实验。

在纪录片中，两位小朋友刚刚出现的时候，表现出了明显不同的性格特点。泰西娅是个十分害羞的小姑娘，她走进教室，小手紧握着，目光无处安放；法比安则属于比较外向型的孩子，还没有走进教室，他就对妈妈说："我想去那里。"据他妈妈说，法比安18个月的时候，家长送他到幼儿园，刚来到幼儿园门口，他就好像到了一个非常熟悉的地方一样，挥挥手让妈妈回家，然后欢快地走进了幼儿园。

夏令营活动开始之后，这些孩子们的"社交"开始了。泰西娅虽然害羞，但是很明显，她也十分渴望能够拥有朋友。所以，泰西娅好几次主动走到其他小朋友身边，问："你愿意和我一起玩吗？"但不幸的是，她被拒绝了几次。

法比安的策略与泰西娅不同，他趁着做游戏的时机，问身边的小朋友："这个是不是很好玩？"但同样没有得到回应。

夏令营的老师们组织小朋友们玩儿游戏，游戏的规则是：发给每个小朋友一颗巧克力，如果他们所有人在规定的时间之内，都没有吃掉巧克力，那么他们将得到两颗巧克力。只要有一个人在规定的时间内把自己的巧克力吃掉了，那么所有人都只能得到这一颗巧克力。

这个游戏需要孩子们不仅考虑自己的感受和利益，也要照顾到其他人。法比安在游戏中没能抵挡住巧克力的诱惑，他吃掉了自己的巧克力，这就导致其他人也只能获得一颗巧克力。因为这件事情，所有的小朋友都对法比安产生了偏见，认为他是一个顽皮小子，大家更不愿意跟他

玩了。

由于自己在社交中总是碰壁，所以法比安的情绪有点失控，他开始在社交中表现出了极强的破坏欲，不是故意冲撞其他小朋友，就是在游戏中搞破坏，于是，其他小朋友开始联合起来排挤他。到最后，眼看事情难以收拾了，夏令营的老师只好把法比安带到了一间无人的教室中，让他冷静一下。

而一旁的泰西娅，虽然性格内向，但是她却能够和其他小朋友一起，遵守儿童社交圈的种种规则。没过多久，其他孩子就都觉得"她"是自己人，于是泰西娅比较快地融入了这个"小社会"中。

这是整个纪录片中的一个小段落，通过这个小段落，我们可以发现一个问题：在儿童社交中，"规则意识"可能决定了儿童在社交圈中的"处境"。如今的家长，都希望自己的孩子有个性、有自己的想法，甚至会觉得特立独行是一种优秀的品质。这种观念不能说有错，但任何事情都是"过犹不及"，如果我们总是在教育孩子"打破规则""我行我素"的话，很可能就会带来一个负面的结果——孩子将不为多数同龄人所接受。

当一个孩子遭到了同龄人的排挤之后，大多数情况下，他们都会像纪录片中法比安所表现出来的那样——愈加叛逆、愈加不合群，社交难度也越来越大了。

那么，我们能不能让孩子既有独立人格，又能够拥有必要的规则意识呢？答案是可以的。这二者本来就不是对立的，而且从某种角度来讲，只有那些真正具有了规则意识的孩子，才能够拥有真正独立的精神，才能发现"坏规则"的不合理之处，并且拿出合理的方案改变规则。

想要让孩子拥有这种能力，家长应该从以下几个方面着手：

首先，让孩子拥有"目标意识"。事实上，规则是为目标服务的。如果没有目标意识，仅仅是为了遵守而遵守规则，或者是为了反规则而反规则，都是不正确的。所以，我们应该让孩子明白规则意识和目标意识之间的联系。

当然，我们不能以说教的方式来实现这一目的，因为这其中的逻辑关系非常复杂，年龄小的孩子是不能体会的。家长要通过与孩子"合作完成某件事情"，来让孩子初步体会到目标和规则之间的联系。

例如，我们每周可以拿出一个下午的时间，去和孩子一起做手工，或是烘烤一个饼干，或是完成一个陶艺

作品。

这类小手工，都有一个明确的目标——制作出符合预期的成品。而为了达成目标，就必须要遵守某些规则，例如烘焙饼干，面、糖、奶的搭配要符合比例；打蛋的方法，有一定规矩……这些都是所谓的"规则"。与此同时，在进行手工活动的时候，我们也可以加入某些"自己的想法"，让作品更有个性化。当然，这种即兴的发挥，有时候会带来更好的效果，有时候则会导致所有的工作都"功亏一篑"。这都不要紧，要紧的是，让孩子明白遵守规则的目的是什么？结果是什么？打破规则的目的是什么？后果又是什么？

通过一个小小的手工作业，让孩子在潜移默化中了解了什么是"目标意识"，为什么想要达成目标就必须要遵守某些规则，打破规则的结果是什么？可以说是一举多得。

其次，想要让孩子拥有规则意识，可以让孩子承担更多的责任。

每一种规则的出台，都有其底层逻辑，但是孩子如果仅仅是规则的执行者，他们就很难理解规则的底层逻辑。为了让孩子能够了解为什么会有规则？规则的作用究竟是什么?家长要赋予孩子更多的责任。

例如:我们规定孩子每个星期只能花70块的零花钱。孩子当然很不理解,他们会想,为什么要有这种规则呢?

为了打破孩子的质疑,我们可以在某一个星期,让孩子当一回"掌柜的"。告诉孩子,我们一个星期全家人总共只能花1000块,并且把这1000块的具体用途告诉孩子,然后把1000块的支配权都交给孩子,让他按照自己的理解去为"家庭管钱",并且容许他"随便给自己安排零花钱"。

这样做孩子当然很高兴,大多数孩子都会马上给自己提升零用钱的额度。但是当父母找他要买菜钱、电费、网费的时候,孩子就会发现:钱真的不够用了!这个时候,他们自然会理解70块的零用钱"规则"是怎么来的?是为了什么?只要明白了这一点,即便孩子还是觉得自己的零用钱太少了,但也会对父母的决定有所理解,也对规则本身的底层逻辑有所认知。

这个办法适合年龄稍微大一点的孩子,作为一个民主家庭的小实验、规则意识的小考验,一般来讲都会起到比较良好的效果。通过给孩子赋予更多的责任,除了能够让孩子建立起规则意识,也能够提高孩子的自我效能感,也

就是说，孩子的责任感也会因此得以提升。

通过这两个办法，我们给孩子建立了初步的规则意识，更重要的是，让孩子明白了规则的"因"和"果"，让他们能够站在更高的高度上，去认识规则、理解规则。当孩子进入社交圈的时候，他们就已经拥有了"读懂社交规则"的思维能力和逻辑基础。

所以，这些"小训练"虽然从表面上看不属于社交训练，但是却能够极大地提升孩子的"社交水平"。

04/ 孩子的"社交气质"是如何炼成的

人们总说，孩子是白纸一张。于是，父母便会认为自己就是负责描绘这张白质的伟大画手，纸上呈现的内容，最终取决于父母的教育。这样的认识，大大低估了孩子的主观性，高估了父母对于孩子的影响。

尽管家庭环境可以对孩子造成比较重要的影响，但越来越多的儿童心理学研究表明：孩子性格中最重要的那些特点是从基因里带出来的，每一个刚刚出生的孩子，其实就已经有了与众不同的气质。19世纪60年代，美国心理学家托马斯指出：每一个孩子都是独立个体，自出生之日起，就有着独特的气质，这些气质影响了孩子的表达方式，也决定了他与身边人的互动模式。

托马斯对141名新生儿，进行了长达14年的追踪研究，最终认为，可以从以下几个方面，来判断孩子天生的气质。

图1-2 如何判断孩子天生的气质

活动性：有些孩子好动，有些孩子则好静，这是因为不同的性格特征带来的。

情绪质量：有些孩子容易被积极的情绪所引导，有些孩子则容易被负面情绪所引导。假如在相近的时间发生了两件事情，一件事情值得高兴，另外一件事情让人悲伤。

前一类孩子的注意力会更多地放在第一件事情上，而后一类孩子的注意力则会更多地放到让人悲伤的事情上。

注意力强度：有的孩子比较容易集中注意力，不容易分心；有的孩子则很难集中注意力，他们常常会被外界的其他事物干扰。与注意力强度相关的，还有注意力的持久度；有些孩子虽然能够集中注意力，但是注意力持续的时间比较短；有些孩子则能够长时间的将注意力集中到一个点上。

规律性：有些孩子生活规律，而且属于"天生的规律"，不用父母怎么培养他，就能够很好的安排自己的生活，而且一旦有人打破了他的这种规律，他就会显得非常生气、焦虑；有些孩子恰恰相反，父母需要花更多的时间才能让他们拥有规律的作息，可即便如此，从内心来讲，他们也总是希望可以打破规律，并以此为乐。

趋避性：在面对陌生环境的时候，有些孩子会表现出极大的乐趣和好奇心，有些孩子则显得小心翼翼，甚至抵触陌生环境。

适应性：有些孩子不能接受"变化"，凡是习以为常的东西发生了变化，他们就会因此陷入负面情绪中；但有些孩子则不然，他们对新鲜的东西很有兴趣。与适应性相关的还有孩子的反应阈值和反应强度。有些孩子能够感知身边环境的轻微变化，有些孩子则比较粗线条，甚至连班里来了新同学都无法及时察觉，这就是反应阈值的差异；反应强度，指的就是当孩子面临变化时，他们情绪的激烈程度，有些孩子会以激烈的情绪对抗变化，有些孩子虽然心里也不高兴，但是他们则显得比较和平，比较能够"委屈"自己。

以上这些性格特点，都属于孩子的先天属性，它们决定了孩子的社交气质，以及待人接物的基本原则。虽然家长可以通过后天的锻炼、教育去影响孩子的一些行为习惯，但是他们性格的基调是不会变的。例如，家长可以把一个内向的孩子，教育得比较愿意和他人接触，也显得比较合群。但是当他们能够自由选择时候，孩子还是愿意一个人安安静静的待一会儿。其实很多成年人也是如此，我们可以发现，身边有许多这样的人：他们虽然也能够在公开场合游刃有余、从容大方，但是在大多数时候，他们更愿意独处。这是因为，行为模式是后天习得的，而性格的基调，是天性里带出来的。如果人可以做选择的话，遵循天性会让他们感到舒服。

另外，家长也应该明白，这些性格气质只有差异，没

有好坏。例如情绪质量，有些人会觉得，那些总是能够看到事物积极一面、保持乐观心态的人就是好，反之就是不好。其实不是的，前者虽然乐观，但是失于谨慎；后者虽然看起来有点悲观，但是他们更能够发现潜在的危机，并提前做好应对的准备。在很多行业中，后者更容易取得成就。所以，天生的性格、气质只要在正常范围之内，都是好的、各有长处，家长没必要因此而忧心。

孩子的性格特点和气质，决定了他们的社交方式。

例如，好动的孩子，在社交中一般更愿意用身体"说话"，他们放得开、够活跃，但是有时候显得没轻没重。尤其是年龄尚小的孩子，不太懂得合理控制自己的身体，在和其他小朋友玩儿的时候，特别容易磕磕碰碰。家长虽然不能改变他的好动天性，但是却可以教育他们在活动的时候要注意分寸，保留优点、规避缺点，让孩子拥有更好的社交能力。

另外，家长还需要注意的是，好动的孩子，他们对于社交活动是非常热衷的，如果他们不能够将自己的精力在社交活动中充分释放的话，他们是很难安静下来的。

再如，那些天性主动好奇的孩子，很容易与别人"打成一片"，因为他们对陌生人和陌生环境都没有畏惧之心。但是，与此同时，这类孩子也特别容易被"引诱"，因为他们对陌生人、陌生环境没有警惕性，所以特别容易被他人鼓动、引导。家长在教育的时候，一定要多加培养他们的安全意识。

作为家长，在带领孩子走向社交活动之前，我们首先要做的，就是大体上识别孩子的社交气质。不要觉得孩子是我的，留着我的血，那他的性格就应该和我一样，他内心的想法、处世的原则也和我一样。这属于对儿童的盲目认知。孩子虽然是你的，但是性格是他自己的，如果你不能够真正了解他的社交气质，就很难认识到孩子在社交中有哪些长处，存在哪些可能的风险？因而无法做到因材施教，甚至会以错误的方式干涉孩子的社交行为，让孩子陷入社交迷惑中。例如，有些家长自己是"自来熟"，他们也认为自己的这种性格很好，于是全然不管自己的孩子属于天生比较内向的性格类型，强行将其推向他们还不适应的社交环境中。如此一来，孩子自己会感到非常不舒服，甚至会产生焦虑情绪，对于他们的社交成长反而是不利的。

总言之，让孩子更好地融入社交的方法，其实是"顺着孩子的天性来"，而不是非要逆着孩子的气质，刻意地

去培养他们一些所谓的"社交能力"。让孩子在社交中感到舒适，那么即便是内向的孩子，也能够在社交活动中表现得非常从容。相反，如果家长非逼着孩子用他们不喜欢的方式去参与社交活动，很容易让孩子产生社交恐惧，反而会影响他们"社交心理"的正常发展。

05/ 不可不知的"社交商"

情商、智商，甚至是财商、逆商，都是父母们耳熟能详、重点培养的儿童能力。而社交商，则很少被家长们提起。事实上，社交商这个概念，并不是最近才有的，早在1920年，那位经常出现在教育学、心理学教材中的著名学者桑代克，就提出了"社交商"的概念。

桑代克给社交商的定义是：理解人类行为、处理社交关系的能力。

"理解"和"处理"，其实是一个因果关系，因为能够理解，所以才能找到好的处理方式。所以，家长在培养孩子社交能力的时候，不能只注重形式上的"礼仪"，更要注重培养孩子理解他人行为的能力。

培养孩子的礼仪,是比较容易的。孩子的社交环境比较简单,所以什么时候说对不起,什么时候说谢谢你,什么时候要表现的大方一点,什么时候要警惕性高一点,我们都可以通过比较具体的指导,来让他们具备这方面的能力。但是这就是社交能力的全部了吗?肯定不是的。因为随着孩子的不断长大,他的社交环境会越来越复杂,父母也不可能一直陪在他们的身边,给他们做社交指导,到时候,孩子凭什么处理突发的、复杂的社交问题?就是要靠他们"理解他人行为"的这个能力。而这个能力,是需要父母进行教育和引导的。

例如,一个性格比较大大咧咧的孩子,遇到了一位年龄更小一点的小女孩,他对对方很有好感,为了表达自己的热情,孩子上去把对方抱住了。如此行为,显然是不合适的。这个时候,家长如果仅仅是呵斥孩子:"你干什么?快放开,懂不懂礼貌?下次不许这样了!"当然也能解决孩子眼下的问题,但是孩子的内心却会陷入迷茫,他会觉得:"我是不是不应该抱别人?"甚至会觉得:"我是不是不应该对别人热情?"

家长正确的方法是,不仅要告诉孩子怎么做,更要告诉孩子:"你看对方小朋友都噘嘴了,证明她很不高兴,

所以你以后不要这样做了，好不好？"

通过引导，可以让孩子意识到自己的行为会对他人造成的影响，同时也会让他们学着慢慢去体会他人行为的含义。如果说教会孩子怎么做是"授人以鱼"的话，引导孩子去认识他人行为，就是"授人以渔"。

当然，对于年龄比较小的孩子，让他们去正确的认识社交行为，是比较困难的。但是家长可以先帮助孩子从认识自己的心理和行为开始，让他们逐步掌握这项能力。

首先，在日常的对话中，我们要引导孩子说出他们内心的真实感受。可能一开始的时候，孩子很难准确地表达自己的心理活动，家长可以给他们一些提示，来引导他们。比如，来到了陌生的环境中，性格内向的孩子可能内心就比较抵触，家长可以和孩子说："你是不是因为从来没来过这里，所以感觉不太好啊。"当孩子表示同意后，家长可以继续问："是不是每次来到了一个陌生的地方，你都有这样的感受？"

通过引导，让孩子对自己内心的想法更加明晰，这有助于他们更加准确地表达内心。

其次，要教会孩子"站在对方的角度思考问题"。例如，在玩闹的时候，孩子把一个小朋友的玩具抢走了，对方小朋友很不高兴。家长除了要让孩子把玩具还回去之外，还应该问一问他们："如果是你的玩具被抢走了，你会很高兴吗？"孩子如果说不高兴，那么家长就可以告诉他们，自己觉得不高兴的事情，别人也会觉得不高兴，所以以后要想一想别人的感受。如果孩子说："我的玩具被别人拿走了，我也没有不高兴啊，大家一起玩儿不挺好吗？"家长可以对孩子说："每个人的想法都是不一样的，但不管怎么样，玩具是他的，他就有决定玩具谁来玩儿的权利，你懂了吗？"这其实也是在教育孩子站在对方的立场上思考问题，而且通过强调个体的差异性，可以避免孩子产生"以己度人"的心理倾向——每个人的想法都不一样，如果你要站在对方的角度思考问题，就应该以对方的心态看待问题。或许孩子不会懂得其中的道理，但是通过家长不断地引导，他们会逐渐掌握这方面的能力。

最后，就是要让孩子知道——每个人都是不一样的。

一个人如果觉得别人的想法都应该和自己一样，那么他永远不会真正理解别人的行为，因为出发点就错了。想要让孩子更好地理解别人，就应该让他们知道——人和人天生具备差异性的。当然，对于年龄很小的孩子来讲，他们无法理解这一点。在小朋友的眼睛里，所有其他的

小朋友都应该和自己一样，他们无法理解人的差异性。但是当孩子到了5岁以上的时候，他们就开始逐渐发现，原来大家的想法都不一样。所以，这个年龄段的孩子家长，就可以尝试着让孩子去接受"不一样"了。在平常的教育中，家长可以开始给孩子讲述"性格"的概念，可以告诉他们："每个人的性格都是不一样的，花花很内向，所以他显得不太爱说话，对不对？龙龙很开朗，所以他对每个人都很热情对不对？"通过性格概念的教育，可以让孩子产生"观察性格"的初步意愿，为他们理解他人行为奠定基础。

家长特别需要的注意的是，在讲述性格的时候，要做到客观，不要带有主观的好恶，例如对孩子说："龙龙的性格大大咧咧的，这样不好，你别学他；花花的性格小里小气的，你不能这样。"这不是在帮助孩子认识性格，而是在给孩子灌输偏见。对于性格的偏见一旦产生，一个人就很难真正理解他人的行为了，因为我们被定势思维和刻板偏见限制住了。所以，千万不要给孩子灌输带有偏见的思维。

以上就是关于社交商的一些基本培养方式。很多家长担心，孩子社交商如果太高了，会不会显得很老成，不可爱了？不会的。孩子就是孩子，他们的心理发展是要遵循基本规律的。有些孩子看起来很老成，恰恰是因为家长在培养他们社交能力的时候，只重视"表面功夫"，不重视是"核心素质"的培养。所以，孩子只知道自己要按照某种行为规范去做事，而不知道这些规范什么时候有用，什么时候没用，什么时候该用，什么时候不该用。他们变成了一个装在套子里的人，做事情总是一板一眼的，知其然而不知其所以然，因此就会显得有些"太规矩、太老到，但灵气不足"。所以，只要掌握了正确方法，家长不必认为"社交商"太高是坏事，放心大胆地去培养一个高社交商的孩子吧！

第二章
孩子需要掌握的
五种社交 "保护色"

　　初登社交舞台的孩子，由一个没有经验的士兵来到了陌生的 "战场"，这个时候，他们首先要做的是保护好自己。所以，在孩子开始正式社交之前，家长应该给孩子涂上五种 "社交保护色"。

01/ 橙色：以"拒绝"保护个人意志

一位妈妈带着自己的孩子在公园里玩耍，孩子手中拿着一个布偶玩具。这时候，周围其他小朋友围了过来，说："把你的玩具给我玩一玩。"

这是孩子第一次身处陌生的社交环境，所以他有些不知所措，从内心来讲，把自己喜欢的东西交给别人，孩子是不愿意的，但是他还不知道该如何拒绝一个陌生人的请求。所以孩子的目光投向了母亲。

母亲看到了孩子求助的眼神，于是便对他说道："如果你不愿意的话，就对大家说不！你不想做的事情，要学会拒绝。"

孩子母亲的做法对不对？

对极了！

她没有帮孩子做决定，更没有"慷孩子之慨"，去引导孩子把本来不想和别人分享的东西去和他人分享。更关键的是，她教会了孩子一个重要的社交技能——拒绝。

可能有的家长会有疑问："拒绝还用教？孩子们总是在拒绝啊！这也不行，那也不行的。"没错，一个孩子在两岁到三岁的时候，会进入到一个"拒绝高峰期"，开始频繁的拒绝家长的要求，经常会采取不合作的姿态与家长"打擂台"。

对于这一现象，家长其实应该感到高兴，因为这预示着孩子正在经历一个自主性对依赖的冲突高峰，用通俗的话说就是："他开始意识到——我也是个人，凭什么我就应该总是被别人摆布？"于是，孩子的第一个叛逆期到来了，他的自我意识开始悄悄地生根发芽。

但是孩子的这种拒绝，主要是对家长权利的挑战，对于刚刚走进"社交圈"的他们来讲，如何拒绝"外人"的不正当请求？是一个全新的挑战。在现实生活中，有些孩子不善于拒绝他人，有些孩子则被父母错误的灌输了"无原则分享"的观念，这都可能会导致孩子逐渐失去拒绝的能力。

一个不懂得拒绝的孩子，他可能会获得暂时的社交优势，成为其他小朋友心目中的"好朋友"，但是从长远来看，这样的孩子未来会过得很辛苦。

首先，孩子会轻视自己的需求，转而将大部分精力都放在满足他人需求之上。但是我们要知道，这世界上没有百分之百"专门利他、毫不利己"，对于很多不懂拒绝的人而言，他们会下意识地为他人考虑，把别人的需求放在第一位。可是内心深处，却有对自己的需求总是得不到满足而耿耿于怀，因此而心怀苦闷。

其次，不懂拒绝的孩子，通常会发展成为特别在意别人看法的性格，逐渐失去自我，成为人际关系的"傀儡"。

最后，通过长期观察我们发现，不懂得拒绝的孩子，往往更喜欢说谎。因为他们不能义正词严、正大光明地说"不"，所以在不得不拒绝别人的时候，他们就会找出一些虚无缥缈的理由，来为自己的拒绝行为做注解，很容易走上"说谎的道路"。

因此种种，家长在带领孩子走进社交圈的时候，一定要把"拒绝训练"作为重要的一课。

想要让孩子学会拒绝，首先要帮助孩子确定"个人边界"。所谓个人边界的心理学定义是：我们建起来的身体的、情感的、精神的界限，用来保护我们不受他人的操纵、利用和侵犯。简单来说，就是让孩子明白：我可以接受什么？我不能接受什么？当别人将他的意志强加给我的

时候，我该如何应对？

个人边界有健康和非健康之分。非健康的个人边界，经常把他人需求看得比自己的需求更重要，因此，他们在拒绝别人的时候，会有一些负面的心理感受，例如：拒绝别人是感到愧疚；喜欢牺牲自己的权益讨好别人等。

为了帮助孩子树立健康的个人边界，家长需要做好以下几件事：

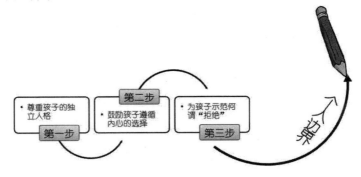

图2-1 帮助孩子划定个人边界

首先，尊重孩子的独立人格。

在孩子和别人接触的时候，我们不要帮助孩子做决定，让他们自己去选择。例如，家里来了小朋友，特别喜欢孩子的某个玩具，有些家长就很大方地说："你喜欢就拿去玩吧！"这样的做法是非常愚蠢且讨厌的，玩具是你买的没错，但它是属于孩子的，要不要把玩具送给别人，孩子说了才算。

类似这样的行为，其实就是在触动孩子的个人边界，他会觉得："家里没有什么东西是属于我的，即便是我喜欢的玩具也不是。"这种心理发展下去，孩子对自己的权益就会越来越模糊，个人边界因此被打破了。

其次，家长要阅读孩子的内心，鼓励他们遵循自己的内心作出选择。

我们所说的拒绝，不仅包括拒绝别人的索取，也包括拒绝别人的给予。有时候，别人会给孩子一些东西，比如邻居看到孩子之后，说："这小朋友真可爱，来，我这里有个糖果，给你吃！"孩子明明不想吃，但是家长却一个劲地撺掇孩子："阿姨喜欢你，给你东西，你就拿上吧！"

如此行为，也是不可取的。我们要交会孩子礼貌而坚定的拒绝别人的赠予，如此一来，孩子才能在诱惑面前保持本心，变得坚定且从容。

最后，家长要给孩子示范拒绝。

现在，很多家长溺爱孩子，因此不会拒绝孩子的任何请求。有些家长更是觉得，拒绝会伤害孩子的感情，所

以为了保护事事顺从。事实上，并不是"拒绝"伤害了孩子，而是无理的、武断的拒绝伤害了孩子的感情。所以，只要家长别暴力地、冷漠地、无理地欺压似的拒绝孩子，而是采取温柔、合理且坚定的拒绝手段，非但不会伤害孩子的感情，还能够给他们提供一个关于"拒绝的示范"。

在现实生活中，我们会看到，有些孩子要么是不会拒绝，要么就是"暴力拒绝"，走向了两个极端。之所以会出现如此状况，很大的一个原因，就是家长没有做好示范、引导的工作。

家长要明白，拒绝别人是需要力量的，这种力量来源于人的自主性。培养孩子的"拒绝力"，其实就是在训练孩子的自主性。而且，从长远来讲，懂得拒绝的孩子，更容易在社交中收获良性的互动关系，赢得尊重。

02/ 绿色：以"分享"保护集体精神

当孩子开始进入社交生活之后，分享还是独享，就成为摆在孩子面前的一个抉择。很多家长希望自己的孩子成为一个"乐于分享"的人，这个心情是没错的。但是当我们引导孩子进行分享之前，家长自己应该首先搞明白两个问题：分享的有没有必要、必要性是什么？如何才能引导孩子正确分享？

分享有没有必要？要看家长是怎么定义分享的。

有些家长希望自己的孩子成为一个"大方"，或者说"豁达"的人，每当孩子主动把自己的玩具或者食物分享给其他小朋友的时候，家长就会夸赞孩子"手松""大方"。如果家长仅仅是培养孩子"为了分享而分享"的行为习惯，如此分享，不要也罢。

关于分享，家长应该首先明白两个心理学事实：

（1）所分享的信息或物质，其价值与亲密度有关。

（2）作为人际交往中的一个环节，分享具有互动性与平衡性。只有分享者得到了满意的回报之后，才会进行再次分享。

这两个心理学事实对于孩子和大多数成年都是适用的，它揭示了关于分享的真谛：分享是有远近亲疏的；分享不是"只求付出、不计回报"的行为，它也要追求回报。

所以，在以下几个情景中，孩子不愿意分享，或者分享的意愿比较低，是非常正常的：

情景一：家里来了亲戚家的小孩子，家长希望自己的孩子能和对方玩儿到一起，于是鼓励孩子把自己的玩具分享给对方，但是孩子却不愿意分享。

对于家长来讲，亲戚家的小孩是亲密度比较高的人，所以家长觉得孩子应该与他分享；但是在孩子眼中，这个陌生的孩子和自己关系没那么好，所以他不愿意分享，这是正常的心理。面对如此情况，家长不要主动干涉，让两个孩子先熟悉一下，等到他们之间建立起了亲密的关系，孩子自然愿意分享了。所谓强扭的瓜不甜，如果两个孩子还不是很熟络，家长就强迫孩子进行分享，只会让孩子对眼前的这个小朋友产生敌对情绪，两人的关系反而不容易相处好了。

情景二：家里的孩子在大多数情况下都比较愿意分享，但是对于某个特定的小伙伴，他表现出了极低的分享意愿。

之所以出现这种情况，很可能是因为这个特定的小伙伴本身是一个不愿意与他人分享的人，孩子在分享过几次之后，发现自己的分享行为并不能得到对方的回应，或者说"回报"，所以便拒绝分享。这也是正常的行为，家长非但不应该鼓励孩子进行分享，反而应该理解他们。毕竟，我们是要把孩子培养成有正常分享思维的人，而不是随意大手大脚的"老好人"

鼓励孩子分享是对的，因为分享作为一种社交行为，其背后的心理基础和"风险投资"比较相似——我率先主动"投入成本"，以期取得长久的回报。培养孩子的分享意识，能够让他们初步认识"长期收益"这个概念。

对于年龄较小的孩子来讲，是天生不具备分享意识的。在3岁以下的儿童眼中，其他人都是"给予者"，他们以自我为中心，认为什么东西都应该是"我"的。

3岁以后，孩子开始产生"物权意识"，他们开始明白，这个东西是我的，那个是爸爸的，那个是妈妈的，但是从内心来讲，他们觉得爸爸妈妈的也都是我的，甚至希望其他人的东西也都是自己的。所以这个年龄段的孩子可能会变得很"独"，他们对分享是抱有抵触心理的。如果一岁小宝宝的某个东西被别人拿走了，他当时很不高兴，但很快就忘掉了。但是3岁以上的孩子不会，他们的东西被别人拿走之后，情绪会非常激烈。

与此同时，在孩子3岁的时候，他们也开始建立起了初步的社交意识。从前，他们内心中觉得只要和父母建立亲密关系就足够了，但是此时，他们也希望与其他小伙伴

建立起比较和睦的关系。因为有了与其他人建立关系的意识，所以3岁孩子有了分享的意识和需求。

一方面是希望保卫自己的"物权"，另一方面意识到需要通过分享来与其他人建立关系，所以这个时期的小孩子内心其实是非常纠结的。这个时候，决定他们分享行为的主要因素就是"收益"。

如果家长总是在鼓励他们的分享行为，在他们分享之后会夸赞他们，那么孩子就会觉得分享是一种"正收益"的行为；如果被分享的对象在得到孩子的分享之后，能够回报以情感或物质，例如对孩子更加友善了，或者也把自己的玩具分享了出来，那么孩子也会觉得分享是一件好事。

这两种情况，都会促进孩子的分享意愿。

分享意愿建立起来之后，孩子会变得更加有同理心，更能"看破"别人的需求。有些孩子乐于把自己喜欢的东西与别人分享，是因为他觉得自己喜欢的东西，别人也一定喜欢，这就证明孩子已经建立起了一种比较初步的同理心。

可是孩子逐渐会发现，自己喜欢的东西别人不一定喜欢。他手里拿着两个玩具，有一个他很喜欢的小伙伴来了，他把自己更喜欢的那个玩具递给小伙伴，结果发现小伙伴对他喜欢的玩具没什么兴趣，反而对他不喜欢的那个玩具更感兴趣。起初，孩子会因此感到万分迷惑，但是最后他终于明白："原来我喜欢的别人不一定喜欢，我不喜欢的别人可能会喜欢。"在明白了这一层之后，孩子就可能会尝试着"洞察"别人的需求——从表情、动作等方面，去"解密"他人的内心。在此过程中，孩子的社交能力会得到进一步的提升。

这就是我们为什么要恰当鼓励孩子分享行为的原因，分享本身其实是一种比较复杂的社交场景，通过建立这样的社交场景，能够提高孩子各方面的社交能力。

但是有一种关于儿童分享的场景，可能会让家长感到有些"麻烦"。自己的孩子手里拿着一个价值200元的玩具，对方的孩子拿着一个价值20元的玩具。两个孩子见面之后，玩得很高兴，于是便进行了第一次分享——相互交换玩具玩耍。通过这样的分享，两个孩子都很满足，也都觉得对方的玩具真好玩儿，于是他们做了个决定——彻底交换玩具。

结果就是，两个孩子都很高兴，都觉得自己通过分享得到了自己想要的东西。但是家长却很烦恼，200元的东西

换回了20元的东西，怎么想都觉得亏大了。

遇到如此情况怎么办？家长要不要横加干涉，中断孩子的分享行为？

最好不要，因为在这次分享中，自己虽然是"受损"的一方，但是通过这一事件，我们可以给孩子上一堂宝贵的分享教育课。

孩子之所以用自己的玩具去交换别人的玩具，是因为他还没有"成本概念"，在孩子的眼中，大多数玩具都是父母给买的，似乎天生就应该出现在自己的生活里。得来的容易，失去了当然也不心疼。

为了避免孩子的"盲目分享"，家长可以就这次事件，给孩子普及一下成本的概念，告诉孩子："宝贝，你的玩具，价格相当于对方十个玩具。所以你和他交换玩具之后，相当于你少了九个玩具，你想一想这样做划算吗？"孩子虽然可能对价值没有那么高的敏感性，但是他还是能够大体理解其中逻辑的。通过这件事情，孩子对于"成本"的这个概念会有一定的认识，以后在进行分享的时候，会更加理性一些。而且，成本意识也是社会生活中的一个重要概念，建立成本意识，可以在很多场景中帮助孩子进行正确的决策。

有的家长问："万一孩子说：'分享了玩具以后，我也很开心，他也很开心，我们获得了双倍的开心，这不是很好嘛？'我该怎么回答他？"如果孩子真这么说，家长应该回答孩子："你说的对！"毕竟，咱家拥有了这样一位天性豁达的神童，赔个一百几十块钱也值了。

总而言之，家长应该培养孩子的分享意识。但是在此过程中，我们要把握两个关键点：一、不要强迫孩子进行分享，以防将孩子培养成为"讨好型人格"；二、通过分享行为，主动去引导孩子建立物权意识、长期回报意识和成本意识，全面提高他们对于社交活动的理解能力。

03/ 红色：妥善应对"冲突"，保护理性思维

家长不要怕孩子和别人起冲突，在人生中的任何一个阶段，"冲突"都是一项社交的必修课。

我们不要以为与人为善的孩子，别人就能够总以善意回应他。毛主席说："以斗争求团结则团结存，以退让求团结则团结亡。"这是一个亘古不变的真理。如果孩子不

善于处理冲突，一味地逃避冲突，你就会发现，他自己的内心会变得越来越苦闷，而且找上门来的冲突也一点儿不会减少，最终可能导致负面的结果。

在全国各地的大学、中学校园里，都曾经发生过类似的事情：某个孩子性格比较谦和，他极不愿意和他人发生冲突，所以在处事的时候显得有点软弱。但是他愈加软弱，欺凌者便愈加肆无忌惮。最后的结果是：老实人终于忍不住了，采取了异常激烈的报复手段，最终导致两败俱伤。

在提及此类事件时，大多数人会总结说"不要欺负老实人"，但是我们家长应该从中得到的启示：不要让自己的孩子变成没有能力处置冲突的所谓"老实人"。

但是，在现实生活中，我们的很多家长正在把孩子塑造成这样的老实人，因为他们总是以过度或不当的方式，介入孩子之间的矛盾中。

案例一：在小区公园里，一些孩子在玩耍。自己的孩子和对方一个孩子产生了争执，家长看到自己的孩子受了欺负，内心自然很难受，他走过去，一把拉住自己的孩子，转身就走，回到家还对孩子说："以后不要和他玩儿！"

如此行为，是暂时让孩子避免了冲突，但是却十分容易让孩子产生逃避一切冲突的行为习惯。事实上，当孩子与对方产生冲突的时候，他自己可能并不把这件事情看的多么严重。但是家长的过激反应，却让孩子觉得类似的事件"很可怕"，下次再遇到这样的事情时，他的第一反应就是"躲"。更有甚者，孩子会觉得和别人打交道这件事情本来就"充满了风险"，于是他们对社交活动产生了根本性的恐惧，给所谓的"社交恐惧症"埋下了种子。

案例二：自己家的孩子和别人家的孩子产生了一些口角，家长马上冲上前去，以保护者的形象出现在冲突中间，警告对方孩子："你不要动我家宝宝啊，小心我对你不客气！"

在这场冲突中，自己家的孩子有了家长的"帮助"，自然是旗开得胜。但是这样真的好吗？如此行为，可能会造成一个后果，那就是让孩子在玩伴或同学中处在一个非常尴尬的境地中，大家都知道了："这个人不能惹，和他稍微有点不对付，他爸妈就打上门来了。"于是，孩子的朋友会越来越少，性格也会逐渐变得孤立起来。

类似的事情，其实在教育实践中经常会碰到。我们不是说不管孩子在外面怎么样，家长都不能介入，如果孩子

确实收到了欺凌，家长自然应该第一时间出面。但是出面之前，家长最起码应该搞明白两个问题：第一，孩子与别人的冲突，究竟是欺凌行为，还仅仅是孩子间的小矛盾？如果是孩子间的小矛盾，家长更应该引导孩子去解决，而不是自己出面替代孩子去解决。第二，如果确实孩子受到了欺凌，我们也要进行对等交涉，不要去找对方孩子，应该去和对方的家长解决这件事情。

以上两个案例，都属于家长面对孩子间的冲突时，所采取的不当处置。有时候，我们对于孩子间的冲突有些太过于敏感了，一方面害怕孩子在冲突中受到伤害，一方面又怕自己的孩子变成那种喜欢"惹是生非"的人。但事实上，大多数的孩子冲突没那么可怕，小小的冲突，可以锻炼孩子的心智，提升他的社交水平。在冲突中，家长最应该扮演的角色是"顾问"，而不是"主导者"，甚至"打手"。我们要引导孩子自己想办法解决问题，而不是拿出解决方案并亲自上阵。

当孩子与他人产生冲突时，家长首先应该询问孩子，搞明白究竟发生了什么。在同孩子的对话中，家长要分两步提问：

第一步，询问孩子对问题的看法。

大多数冲突，其实都是由意识之争引起的，所以与其问孩子发生了什么，不如问孩子为什么会发生，搞明白孩子对冲突的看法。例如，当你看到孩子和另一个小伙伴因为争抢什么东西而产生了冲突，你应该询问孩子，你们两个为什么会因为一件东西争抢起来了？你当时是怎么想的？

引导孩子说出他内心想法，有助于帮家长了解事情的真相而非表象，也有助于帮助孩子整理自己的"心路历程"。相反，如果家长上去直接问他们："发生了什么？你们两个谁先动手抢的？"最终只会产生一个结果，孩子们你一言我一语，开始描述刚才发生了什么，并且彼此都不同意对方说的话，然后两个人越说越激动，冲突因此加剧了。

第二步，引导孩子自己寻找解决问题的答案。

孩子之间的冲突之所以很难自己解决，是因为冲突爆发之后，他们就陷入冲突本身的泥沼之中，不再去思考解决冲突的方法了。对于冲突中的主要矛盾和次要矛盾，他们是分辨不清楚的。家长如果出面的话，可以帮助孩子去把主要矛盾和次要矛盾解释清楚，如此一来，他们就能够找到解决冲突的办法了。

例如，孩子在玩儿的时候，被另外一个孩子撞了一下，当时很生气，就推了那个孩子一把。两个孩子因此爆发了冲突。这个时候，家长应该帮助孩子们梳理一些事件中的矛盾，我们可以引导孩子："他撞了你一下，你就推了他一把，你觉得这样做合理吗？"

孩子可能会说："他撞我，我推他合理。"

家长可以继续问："如果他撞了你一下，马上向你道歉，你还会推他吗？"

孩子可能会说："那我肯定不会推他了。"

家长这个时候就可以把结论告诉孩子："所以，你不是因为他无意中撞了你，你才生气的，而是因为他没向你道歉，所以你生气了。这个时候你是不是应该首先要求他道歉，而不是去推他？"

通过这样的引导，孩子就会明白自己行为的真正起因，也能够找到解决问题的办法了。

在矛盾中寻找理性思维，要比平时建立理性更关键、更有意义，事实上，对于大多数人来讲，在一般状态下都可以保持理性，但是一旦遇到冲突，就很容易进退失据、失去理性。要么是非理性的暴躁，要么是非理性的退缩，这都是缺乏社交能力的体现。通过引导孩子在矛盾发生之后，用理性的思维去解决问题，可以避免孩子长大以后无法正确应对冲突。

所以，教会孩子理性应对冲突，是提升孩子社交能力的一个重要关卡。通过家长的引导和分析，孩子能够一次次找到解决矛盾的好办法，用不了多长时间，你就会发现：孩子拥有了"我能解决问题"的观念后，不仅更加善于解决矛盾，还学会了如何避免矛盾和冲突，这才是我们家长希望看到的结果。

04/ 灰色：正确对待"分离"，保护脆弱心灵

当孩子还没有准备好分离的时候，每一次离开，对于他的心灵都是一次伤害。所以，家长应该未雨绸缪，在分离到来之前，教会孩子正确对待它。

如果我们不能提前让孩子适应分离，那么摆在我们面前的第一个难关，将是"幼儿园危机"。很多家庭出现过幼儿园危机，每天到了上学的时间，孩子总是不愿意去幼儿园，即便是好说歹说把孩子"哄"到了幼儿园门口，也

要在幼儿园门口折腾半天，他才眼泪汪汪、恋恋不舍地走进去。孩子伤心，家长看着也揪心。

等到孩子进入幼儿园里，他的心理还是再想着"我要回家去"。尤其是到了中午睡觉的时间，孩子又想起了家里舒适无比的床，妈妈轻声细语的抚慰，再看看周围陌生的环境、陌生的人，他内心无限悲伤，于是又要吵着闹着回家去了。

孩子不能适应离别，将给他和家长带来无限的烦恼。所以，从孩子小的时候，我们就应该想办法让他们理解什么叫作"分离"。

为了培养孩子的分离意识，家长首先要做的事情，就是培养孩子的时间观念。

很多孩子时间观念比较弱，因此即便是短暂分离，也会造成他们的"恐慌"。所以，家长要逐步地让孩子理解"时间"的概念。我们可以通过不断地增加分离时间，来培养他们对于时间长度的感知力。例如，一开始的时候，家长可以对孩子说："我要离开20分钟，你看这个钟表，当他走过四个大格子之后，我就回来了。"家长一定要在20分钟准时回来。相聚之后，家长要对孩子说："你看，我按时回来了吧！"以后，时间可以由短到长，从一个小时、两个小时，最后发展到一天。只要孩子有了时间的概念，并且确信你可以遵守时间，那么他们就不会对分离产生过度的恐慌。送孩子上幼儿园的时候，家长告诉他们四个小时以后就会来接他们，孩子会信任你，并且他对于四个小时这个时间已经有了一定的概念，不会出现中途情绪崩溃的现象。

其次，每一次离开孩子的时候，家长都要和孩子说再见。回来之后，要和孩子进行一个小小的"欢聚仪式"，例如拥抱等。这样做的目的是：通过固定的行为，给分离、相聚一个仪式感的东西，增加孩子的"掌控感"。有了这种仪式，孩子不会觉得分离和相聚是贸然发生的，不会因为未知而恐惧，自然也就会降低孩子对分离的抵触。

再次，家长要多让孩子和其他人接触。每一次接触，其实都会带来分离。例如，孩子在某个下午和小伙伴玩得很开心，要分离的时候，他们一定会恋恋不舍，家长可以告诉他们："时间到了，大家就要各回各家的，即便是你最喜欢的小伙伴，也不可能时时刻刻陪在你身边。"通过制造这种"低烈度"的分离场景，可以让孩子体会到"分离是生活的常态，是必须要接受的现实"，如此一来，他们心中就不会再有执念，不会觉得"和喜欢的人时时刻刻

在一起"是一件理所当然的事情。

最后，家长可以通过游戏的方式，来强化孩子对于分离的认知。在游戏中，家长可以和孩子互换角色，让孩子扮演一个早上需要出门上班的"职场人"，自己则扮演一个总是在家守着的"小孩子"。在游戏中，当孩子煞有介事地收拾好"行头"，准备要出门的时候，家长可以拉住他们，告诉他不想让他离开。大多数情况下，孩子会学着大人的口吻，"教育"家长自己必须得离开，并且说出一大堆他所认为的理由。这个孩子教育家长的过程，其实就是他们自己主动认识"分离"、接受"分离"的过程。

通过分离教育，不仅能解决孩子的幼儿园上学难问题，更能够帮助孩子形成正确的分离观念。在社交活动中，分离是常态，孩子需要经常面临朋友的告别、玩伴的离开、环境的变化，如果他们不能正确对待分离，那么分离本身就会对他们的内心造成一些伤害。有些孩子在最好的朋友离开了之后，会显得格外消极，不再愿意和其他小朋友玩耍；有的孩子则在自己家搬家之后，由于来到了新环境，离开了老朋友，产生一些非常负面的心态，他们变得焦虑、低落甚至自闭，这都是需要警惕的心理活动。而避免这些情况的最好方法，就是从小培养孩子正确认识分离这件事情，让他们的内心变得更加强大。

家长要注意的是，以上所说的一些关于分离的小方法，适用于3岁以上的孩子。而对于3岁以下的孩子来讲，家长最需要做的事情其实是陪伴。

研究表明，在孩子3岁以前，如果父母一年累计两个月以上不能陪伴在孩子身边，就会对孩子心理造成不可修复的创伤。

早在20世纪三四十年代的时候，科学家就发现了这一规律。他们观察到，3岁以下的孩子，如果父母长期离开他们，那么孩子就会对父母产生深深地不信任感，甚至是抛弃感，他们不再愿意和父母建立更加亲密的关系，甚至会可以疏远自己的父母。

战争给科学家的这一论断提供了最好的"试验场"。第二次世界大战期间，英国政府为了避免孩子们在空袭中受到伤害，就把伦敦的孩子们统一疏散到了一个安全的地方。当然，也有一些父母不同意这么做，他们冒着危险把孩子留在了身边。

战后，科学家们研究了这些孩子们的心理，他们发现，当初那些离开了父母的孩子，比一直留在父母身边的孩子更容易出现心理问题，而且二者的行为差异非常大，

前者显得更加极端，后者的心态更加平和。所以，家长一定要记住，虽然任何关系最终的结果都是分离，但是在孩子的心理还没有完全准备好分离的时候，我们一定要多加陪伴。等到孩子3岁以后，他的心智有了一个较大的发展，再开始让孩子去认识分离也不晚。

05/ 黄色：学会"道歉"，
保护反思能力

人都有做错事的时候，如果因为自己的错误，伤害了别人的权益，那么及时道歉是必要的选择。所以，很多家长为了能让孩子早日领悟这一社交礼仪，从孩子很小的时候就开始教孩子道歉。不过，在大部分情况下，这样做的效果不会很好，甚至可能会产生负面的作用。

年龄尚小的孩子，他们言语表述、行为控制，还是理解能力、道德意识，都未发育到足够的水平。所以他们很可能不能理解"对不起"三个字的真正含义。著名心理学家皮亚杰是研究道德发展方面的权威，他指出：人最初的道德感，是在4岁左右才出现的。

图2-2 4岁是孩子的道德感"分水岭"

也就是说，在4岁以前，孩子根本不能正确理解社交的规则。有些家长可能会说："这不可能，我家小孩子很小就知道打到别人要道歉，这证明他理解了关于道歉的社交规则啊！"事实上，这个年龄段的孩子，他们的道歉行为是一个"表象"，他们只是在按照父母的要求去做一件他们并不完全了解的事情，在孩子道歉的时候，他的内心并没有多少歉意。心理学家柯尔伯格认为，4岁以前的孩子还处在"前习俗阶段"，意思就是说，在这个年龄段的孩子，他们所作出的看起来很有"道德"的行为，出发点其实是为了避免受到父母的惩罚或者讨父母的欢心，没有关于道德方面的考量。

所以，让3岁以下的孩子去道歉，只不过是在鹦鹉学舌，没有太多的实际意义。过早的道歉训练，与其说是在

培养孩子的社交技巧，倒不如说是为了满足家长的社交需求而已。

而且，过早教会孩子说"对不起"，还可能造成一个不好的结果——让孩子觉得对不起三个字可以解决一切问题。孩子的逻辑思维还处在一个比较初级的阶段，他们对于因果关系的理解也是比较直白的，过早教会孩子用道歉解决问题，会给孩子一个错觉——我做错了事情，只要说声"对不起"，对方就应该原谅我，就应该不再追究了。

这种定势思维一旦形成，会变成孩子的一种潜意识，伴随他们的整个成长过程，甚至会延伸到他们成年之后。相信大家也听到过一些刚刚步入社会的年轻人说出过这样的话："我都道歉了，你还想让我怎么样？"对于成年人来讲，这样的语言和思维逻辑，显然是可恨可笑的，是不会被认可的，而如此思维的根源，可能就是因为他们从小用"对不起"这三个字解决了太多问题，因此让他们产生了一个错觉："对不起"是一种万试万灵的神药，无论自己犯下什么错，只要说出这个三个字，问题就应该解决了。

为了避免这种情况发生在孩子身上，家长就要记住两件事情：第一，不要在孩子过小的时候逼迫他们通过道歉来解决问题；第二，在教会孩子用嘴表达歉意的同时，也要培养他们用行动挽回损失的能力。后者可能更为重要。

当孩子4岁以后，他们有了初步的道德观，他们有了是非对错的概念。但是对于孩子来讲，当他们犯错的时候，第一时间想到的不是挽救错误，而是推卸责任。这一点相信很多家长都会有体会：孩子打碎了一只杯子，他们会说："这个杯子掉到了地下，自己摔碎了。"孩子撞到了其他小朋友，他会说："是他自己跑过来，我才撞到他的。"

孩子推卸责任的行为，其实是一种正常的心理反应。因为孩子没有责任意识，他们也不具备承担责任的能力，所以他们第一时间的反应就是推卸责任。在这一点上，大人也是一样的，当成年人犯下了自己能够弥补的错误时，他们一般会承担起责任；但是如果犯下了不可弥补的错误，成年人想到的第一件事情也是推卸责任。例如，在商场里，不小心打碎了一支价值20元的花瓶，人们肯定会说："对不起，多少钱？我赔。"那么假如打算的花瓶价值20万呢？大多数人的第一反应肯定是推卸责任："这件事情不怪我，是因为……"

所以，如何才能让孩子具备承担责任的意识呢？很简

单，就是提高他们处理问题的水平，当孩子觉得这件事情我可以解决掉的时候，他们就不会再推卸责任，也更有底气说出那句"对不起"了。

当孩子犯错之后，家长不要和孩子争论究竟是谁的错，而是要带领孩子去切实地解决问题。比如，杯子打碎了，家长首先要和孩子一起收拾残局。如果家长害怕伤到孩子，可以让他们打下手，拿个扫帚、递个拖把之类的，总而言之，要让他们参与进来，主动弥补自己犯下的错误。

通过这样的方式，可以提升孩子们解决问题时的自信心，当孩子觉得自己有能力解决问题、承担责任的时候，他们自然就有了责任意识，不会再因为一点点小事就推卸责任了。

有了责任意识的孩子，再去培养他们的道歉习惯，才是有意义的道歉。因为这个时候，他们不仅能够通过嘴上的道歉来稳定社交局势，也能够提出解决的办法，来做弥补。在孩子进行集体活动的时候，这一点就会表现得很明显：有的小朋友做错了事情，说一句话对不起，然后无动于衷；有的孩子则不同，他们道歉之后，还会积极地寻找补救的方式。

在商场里，一个小男孩儿捧着一杯饮料，欢快地跑了起来。一不小心撞到了另外一个小朋友。小男孩惊慌失措，说了一声对不起，然后跑掉了。小朋友和他的父母当然都很不高兴，但是也没有追究，毕竟是个孩子。过了一会，小男孩的家长带着他，来到了小朋友面前，这一次，小男孩显得更加抱歉，他对小朋友说："对不起，我刚才没有看到你，我不是故意的。"小朋友的家长说："没有关系的，下次可要注意一点。"

小男孩如释重负，但是他的家长却说："光说对不起可不行，你弄脏了人家的衣服，怎么办呢？"

小男孩想了想，说："那我把我的衣服给他吧！"

小男孩的家长说："你的衣服都穿过了，怎么可以赔给人家呢！"

小男孩又想了想，说："那我用压岁钱帮小弟弟买一件一模一样的。"

最终，小朋友的家长也没有接受小男孩"赔一件衣服"的解决方案，他们对小男孩说："不用赔的，衣服也没有坏掉，回家洗一洗就好了。只要你下次小心一点就好了。"

在这个案例中，小男孩在家长的引导下，不仅道了

歉，还提出了解决问题的方案，这样的教育方式，是值得学习的。我们引导孩子解决问题，为的不仅是弥补错误，更是为了培养孩子的反思能力。

人做错事不要紧，要紧的是犯了错误之后，能够反思自己的言行。而人在什么时候会真正的进行反思？就是在付出代价之后。让孩子去解决问题、弥补错误，就是一种"代价"，当孩子认识到所有错误都有代价之后，他们就会更加积极、主动的进行反思，避免相同的错误发生。

总而言之，道歉，是孩子到了一定年龄之后，应该去学习、掌握的一个社交行为。培养孩子道歉行为的真正用意，并不是让他们通过这种行为去"获得原谅、宽容"，事实上，大多数人都能够轻易原谅孩子的一些小错，不会放到心上。我们是希望，可以通过道歉这个行为，去帮助孩子提高责任意识、反思能力，这才是能够让孩子获益终生的财富。

第三章
一个心理学事实——玩伴、同学比父母更能塑造人

朋友之所以重要，不是因为他们是孩子的陪伴者，更因为他们是孩子的塑造者。对于这些可能对孩子造成深远影响的小家伙们，家长们怎么能不认真对待呢？

01/ 性格 =50% 基因 +20% 教育 +30% 同伴

图3-1 孩子性格的形成

下面要提到这个儿童心理学研究成果，可能是很多家长不愿意相信的：

著名教育学家哈里斯认为，如果保持孩子的基因不变，学校、同学不变，但是把他们的父母换掉，那么孩子的性格将不会发生太大的变化。这就是说，影响孩子性格的因素中，基因占第一位。基因当然是父母给的；环境和

玩伴占第二位，父母的后天教育只能占到第三位。

影响心理特征最重要的因素是基因，包括智商、性格、幸福度等。可能很多人觉得幸福不幸福，主要看后天环境，但事实上，幸福度在很大程度上是被基因控制的。有的孩子天生幸福度很高，所以他们更容易被满足，更容易感到快乐；有的孩子幸福度天生就低，所以他们会时常感到焦虑、郁闷。这就可以解释为什么有的人"一箪食，一瓢饮，在陋巷，人不堪其忧，回也不改其乐"。有的人则衣食无忧、条件优越却总是闷闷不乐。很可能是基因在其中发挥着作用。

关于基因对心理特征的影响，美国心理学家早在20世纪70年代的时候，就已经发现了这一理论。但是当时美国社会非常抵触这个理论，因为很多美国人认为这不符合"生而平等"的理念。但随着基因决定理论的不断完善，它明明白白地告诉世人——从生下来的那一刻起，人和人就是不一样的，有些天生聪明、有人天生善于运动，有人天生幸福，有人则天生带有抑郁气质。所以，最终人们还是接受了这一理论，因为它是不可辩驳的科学事实。

除了基因之外，影响心理特征的第二个因素就是同伴，也就是孩子的社交环境。很多人想当然地认为，家庭环境当然应该排到第二。但事实并非如此，家庭因素只能排第三，只有10%的影响力；第一名的基因有50%的影响力，而剩下的40%来自社交环境，而且是"由同伴构成的外部社交环境"。

同伴关系之所以如此重要，是因为它是一种在同龄人中产生的共同活动。家长和孩子玩得再融洽，也是跨年龄的关系。而同龄人在社交活动中相互协作、相互交流，可以带来真正平等、有效的合作关系。同龄人在兴趣爱好、活动能力上，处在同一个水平，所以他们可以建立更深的默契。

我们在育儿过程中经常可以发现一个现象，两个同龄的小孩在一起做一件大人们无法理解的事情，或者说一些成年人不能解释的言语，两个人乐在其中、哈哈大笑，这其实说明了一个问题：同龄人之间有他们自己的沟通方式和行为逻辑，家长和孩子虽然亲密，也不可能完全理解他们的这种"默契"。

心理学家认为，从一些同伴关系的发展模型来看，从一岁开始，孩子就开始对一些和自己气质相似、爱好相同的其他小朋友产生 "好感"，这种偏好可以从孩子见到小伙伴时的神态、表情、眼神及肢体语言等等有所流露。

如果孩子的身边从小就有了一些"志同道合"的小伙伴，那么他的社交信心和积极性，会因此而获得极大的提升。

随着年龄的增长，4岁的孩子就开始拥有稳定的同伴关系了。如果缺乏这种关系，孩子会感到孤独。正如同伴关系也永远无法替代亲子关系一样，亲子关系也并不能弥补同伴关系的缺失。所以，这个年龄段的孩子，家长们就不要把他们关在家里了，即便家里的父母对他再好、再周到，大多数孩子依然渴望获得"友情"。

而且，到了4岁左右，我们就可以发现：孩子们在玩的时候，开始形成"小团体"。以前，小区、学校里差不多年龄的孩子都是随机混在一起玩的，但是此时，孩子们开始根据自己的偏好选择朋友、朋友圈。

我们会发现，这个年龄段的孩子，他们在做游戏的时候，主要以"角色扮演"为主。女孩子们喜欢过家家，男孩子们喜欢把自己想象成动画片里的"英雄角色"，并且在游戏中上演"群雄争霸"。

这种角色扮演的游戏，就好像小说创作一样，一般来讲，一部小说中的人物越多，那么这部小说能够表现的东西就越多。通过在多人角色扮演游戏中的历练，孩子能够更容易找到自己在社交中的定位，他们的生活也会更加丰富多彩。而那些总是在上演"独角戏"的孩子，往往会更多地陷入自我意识中，缺乏与其他伙伴的互动能力。

当然，伙伴不仅给孩子带来了社交的愉悦感，也会让他们感受到社交的困惑。例如，到了7岁之后，孩子已经开始注意伙伴对自己的评价，但是这些评价不全都是正面的。此时，会让孩子体会到"否定感"，这当然不是一种让人高兴的感觉，但是却也促进和修正了孩子的自我评价。我们发现，那些缺乏伙伴的孩子，往往会有比较高的自我评价，甚至会达到自负、狂妄的程度，这是因为他们在成长的过程中缺乏来自他人的"客观评价"，而家长给孩子的评价又大多都是"你真聪明""你真棒"之类的正面评价，没有受到批评的孩子，自我评价当然会趋向于膨胀，而膨胀到一定程度的话，对孩子的影响是不利的。

同伴的意义，对于男孩和女孩又各有不同。年龄小的女孩子，他们在同伴关系中更倾向于合作与相互欣赏，而男孩子之间则属于合作与竞争相互共存的同伴关系。所以，通过同伴关系，女孩子能够建立起更多自信，而男孩子则更容易树立起竞争意识。

总而言之，同伴对于孩子的影响，其实是超乎家长想

象的。因此，我们不要把孩子当成养在笼子里的金丝雀，要多给孩子创造一些和小伙伴一起玩耍接触的机会，让他们以同伴为尺，认识自己；让他们以同伴为标杆，提高自己。

02/ 帮助孩子打开局面的"社交技巧"

当我们带着自己的孩子进入到社交场所的时候，我们会发现，由于孩子没有社交经验，所以在社交中显得很笨拙。经常出现的一个场景是：

孩子小心翼翼地接近一群玩得正欢的小朋友，然后怯生生地问："我可以和你们一起玩吗？"

结果那帮小朋友毫不留情地说："不可以。"

然后孩子就不知所措了，他们内心很受伤，父母的内心一样也很受伤。但是又有什么办法呢？父母总不能和对面的孩子们说"不能拒绝我的孩子，必须要和他一起玩儿"吧！

通过观察我们发现，孩子提出社交要求然后被直接拒绝的情况并不少见，这是因为孩子们大多数有比较强的排外意识，而且他们表达的方式也比较直接，所以会很自然地拒绝他人。而且，对方的孩子数量越多，拒绝的可能性就越大；如果对方仅仅有一两个孩子一起玩的话，那么一般不会遭到拒绝。

成年人有时候很难理解孩子的一些社交表现，所以家长总是在想："为什么这些孩子会拒绝我的孩子呢？原因是什么呢？"这其实是在用成年人的社交规则来思考孩子的问题，事实上，对于孩子们来讲拒绝别人没什么大不了的，只要他们高兴，随时都可以拒绝！所以儿童心理学家，资深青少年咨询师迈克尔·汤普森博士曾经说过：孩子的核心社交技能与成人不同。所以，家长在传授儿童社交技巧的时候，不能把自己的那一套照搬到儿童的世界里。

如何才能让孩子有效的融入一个社交环境中呢？我们不要教孩子成年人常用的那一套——去鼓励孩子先和对方介绍自己，然后再询问对方是否愿意一起玩。事实上，对于孩子们来讲，两个人在一起玩的时候，对方叫什么、是谁并不重要，所以介绍自己这一步基本可以省略，如果他们对对方有好感或者是好奇心，会直接一起玩耍，没有那么多的繁文缛节。

而当孩子去向对方询问"我能和你一起玩吗"的时候，就等于给了对方孩子两个选择——能、不能。对于孩子来讲，他们在面临抉择的时候，是非常感性的，因此选择能或不能，也就是他们一念之间的事情，孩子有很大的概率遭到拒绝。而孩子们正常的交往模式是什么呢？就是当你的孩子觉得他们玩的很有意思的时候，找一个切入点直接加入进去就好了。

例如：几个小朋友正在沙丘里搭房子，你的孩子也想进去玩。家长这个时候应该给孩子拿一瓶水，告诉他："你去和小朋友们说，用水把沙子和成泥，能搭出更高的房子。"孩子拿着水去和这些孩子们一交流，自然就玩到一块了，而且因为孩子在游戏中发挥了积极的作用，所以他在其他小朋友心目中的形象会更好，更容易进入社交的"中心地带"。

对于任何人来讲，失败都是负资产，成功都是正资产。孩子如果总是被拒绝的话，他们的胆子就会越来越小，尤其是当孩子最初几次尝试与他人展开社交，却总是以失败告终的话，很可能会严重挫伤他们的社交积极性。所以，家长一定要搞明白儿童社交中的一些基本规则，然后传授给孩子，帮助他们打开社交局面，获得比较良好的社交体验，这样他们才会爱上社交。

孩子如何才能融入一个陌生的社交环境中？家长只需要记住两个原则：

首先，孩子应该能够服从已经形成的规则和秩序；

其次，孩子要能够为群体作出贡献。

在上一个案例中，孩子之所以能够融入社交，是因为他为群体作出了贡献——贡献出了一瓶水和一个更好的游戏方案。这个时候，只要孩子能够服从规则和秩序，他们就能够与对方很好的交往了。对于大多数刚刚进入社交环境的孩子而言，服从规则和秩序是他们要面临的一个难点，因此，家长要在他们进入社交环境中之前，就把规则和秩序告诉孩子。

例如：一群小朋友正在玩一个游戏，孩子也很想加入。此时，家长可以先观察一下，然后把对方孩子们所遵循的游戏规则总结出来，告诉孩子。甚至家长还可以主动询问一下对方孩子："你们这个游戏的规则是什么？怎么样就算成功了？怎么样就算失败了？"当对方的孩子滔滔不绝地叙述自己的规则时，其实你的孩子就已经成为这个游戏的一分子，小朋友们很愿意让一个充分了解了规则的新朋友加入自己的游戏中。

儿童社交，是个"师傅领进门、修行在个人"的活动。家长就是那个师傅，要担负起"领进门"也就是帮助孩子打开社交局面的重任。心理学研究告诉我们，人对某个事物的影响，是在最初几次的接触中形成的。所以如果孩子在刚刚开始投入社交活动中的时候，就能够赢得他人的欢迎、和其他小朋友有良好的互动，那么他会从内心中认可自己的社交能力，并且更容易在社交中体验到积极的情绪。相反，如果孩子的社交之路一开始走的就不顺利，那么孩子们不仅会对社交产生负面的认识，甚至可能会对自己产生怀疑，否定自己的社交能力、放大自己的社交缺陷，这对于孩子的心理成长是很不利的。

所以，家长一定要抓住孩子的社交心理成长关键期，给他们创造良好的社交体验，这是一件一劳永逸的事情——一开始就爱上了社交的孩子，你会发现他的社交能力成长很快，很快就能够做到不要家长的帮助、自己能够解决大多数社交问题了。家长最初费点心，换来的是以后很省心。相反，如果家长一开始的时候没有意识到社交成功率的重要性，导致孩子有了不良的社交体验、产生了一定的社交恐惧心态，那么以后再想让孩子融入正常的社交活动中，可能就要大费一番周折了。

03/ 帮孩子选朋友圈，别帮孩子选朋友

在孩子交朋友这件事情上，家长不要总想着"大包大办"，试图帮助孩子决定"跟谁做好朋友、远离哪个小朋友"。家长能做的，是在学龄之前，通过给孩子选择一个具体的环境，从而帮助孩子框定一个大概的"朋友圈"。

年龄尚小的孩子，他们交朋友的方式都是很"随缘"的，因为他们的活动能力比较弱，所以只能在同小区、同学校、同游乐园这个范围之内寻找朋友。这个范围是家长的选择所决定的。但是孩子具体和谁在一起玩，他喜欢谁？抵触谁？这是他自己的主观意识决定的，家长如果横加干涉的话，效果一般不会太好，甚至可能会导致孩子的逆反心理。

很多家长为自己找了一些帮孩子选朋友的合理性理由，一般有：

（1）对方孩子太贪玩，影响己孩子学习；

（2）对方是个坏孩子。

这两个理由看起来充分，但实际上都是站不住脚的。

　　说孩子朋友贪玩影响了孩子学习，事实上属于一种"推卸责任"的心态。两个孩子在一起玩耍，玩到忘记了时间、忘记了学习，是他们两个人共同的"选择"，如果家长认为两个孩子因为玩耍而耽误了学习，是因为对方孩子给自己的孩子施加了不好影响，那么对方家长也同样可以认为是你的孩子给他的孩子带来了不好的影响。所以，如果孩子们在一起总是显得很贪玩，我们只需要去帮助自己的孩子树立更好的时间管理意识就够了，不要去把孩子贪玩的责任推卸给其他人，因为贪玩完全是一种主观的选择，如果孩子拥有良好的时间管理意识，那么即便是他的朋友很贪玩，也不会对他形成负面的影响。

　　说孩子的朋友是"坏孩子"，并因此去干涉孩子的社交选择，在大多数情况下也是不合理的。首先，我们怎么去定义坏孩子这三个字。很多家长的评判标准很简单：学习不好的就是坏孩子；喜欢打游戏的就是坏孩子；玩起来比较疯的就是坏孩子。这是一种典型的给人"贴标签"的评判标准，我们把自己的价值判断甚至是个人喜好，强加到了孩子的世界中。事实上，年龄尚小的孩子有一些小问题是很普遍、很正常的，远远上升不到"坏"的程度。如果家长总是野蛮的给孩子的朋友贴上"坏"的标签，那么也会影响到孩子在社交中的行为习惯，久而久之，他们也会受父母的影响，形成"片面评价"的习惯，这会使孩子形成"非黑即白"的世界观，严重影响他们在社交中的包容性和客观性。

总的来说，父母草率的否定孩子的朋友，粗暴地干涉孩子选择朋友的权利，一方面是一种不负责任的做法，另一方面，对于孩子的成长也会造成一些负面的影响。要知道，对于大多数孩子而言，他们选择朋友的标准很简单——选择与自己相似度高的同龄人作为自己的朋友。所以，父母总是否定孩子的朋友，其实也就等于是在否定孩子自己。因此，我们可以发现，在教育活动中，很多孩子都会表现出同一个倾向：当别人否定自己的朋友时，他们会为朋友激烈的辩护。这种行为一方面是因为孩子在为自己的选择辩护，另一方面也是因为父母所批评的"点"，可能是孩子和他朋友共同具备的特点，孩子在为朋友辩护的同时，其实也是在为自己辩护。

有些时候，自己孩子身上的某些缺点，父母是看不见的；但是当这个缺点在孩子的朋友身上体现出来的时候，父母又会非常敏感，并大加批评。这就导致父母在否定孩子朋友的同时，不知不觉中也否定了自己的孩子，对孩子

造成了心理上的伤害。例如：小孩子尤其是小男孩总是喜欢在玩耍中推推搡搡，这种行为在他们眼中其实算不了什么"坏行为"，他们甚至可能把它当成了一种相处的模式。在有些父母的视角之下，自己孩子推搡别人的时候，他们不觉得事情有多严重，但是别人家的孩子推搡了自己的孩子，父母的内心就会觉得非常不舒服，于是，他们回到家里会对孩子说："你别和某某某玩了，你看他总是没深没浅的，伤到你怎么办？"在家长说出这句话的时候，孩子会觉得家长不仅是在否定朋友，也是在否定自己，所以他们可能会为朋友极力辩护，并在同家长辩论的过程中，产生强烈的"被否定感"，因此滋生出一些不良的情绪，让亲子关系变得紧张起来。

家长要明白一个道理，家长在替孩子"考虑问题"的时候，首先要满足孩子的需求，而不是自己的需求。我们既不要把孩子推到一个他不喜欢的社交环境中，也不要把孩子从能够让他感到快乐的社交环境中剥离出来，这两种行为都会给孩子带来负担、带来压力，影响孩子社交能力的提升。

有些家长要问了："如果孩子的朋友的的确确有一些非常不好的缺点，并很可能会影响到我的孩子，那家长也不能管吗？"

当然要管，但是我们在管的过程中，要注意一个原则："对事不对人"。我们要告诉孩子这件事情是错的，而不是这个人是错的。因为"事"是一个静态的东西，不管什么时候，错的事永远是错的。但是人尤其是孩子，是一个动态的存在，错的人也可能会改变错误，变成一个对的人。例如：自己的孩子和某个小朋友玩耍，在该小朋友的鼓动之下，两个人结伴去偷了小卖店的一些小零食。这件事情发生之后，家长应该要做的是教育自己的孩子，让他们认识到 "偷窃行为"的错误性和严重性，而不是去责怪那个鼓动孩子偷东西的小朋友，说他把孩子带坏了。

只要孩子能够认识到什么事情是正确、什么事情是错误的，那么他就会学会自己去判断应该和什么样的人在一起，不应该和什么样的人在一起。相反，如果家长总是把一些错误归咎于孩子身边的人，那么久而久之，孩子对"对与错"的界限会变得很模糊，自己一旦做错了事情，他们就会在其他人身上找原因，推卸自己的责任，这显然不是家长想要看到的结果。

04/ 尊重他的朋友，就是尊重他的选择

"选择朋友"是一种重要的社交能力，这项能力需要在不断的锻炼和摸索中成长。作为家长，总是希望孩子从小就能够选择"正确的朋友"，家长给"朋友"两个字增添了太多的"附加价值"——希望孩子的朋友不仅能够为孩子提供"友情"，还要能够促进孩子的进步、为孩子提供良好的社交环境、与孩子一起养成某种良好的习惯……所以，家长对孩子的朋友，往往是非常"苛刻"的，大多数情况下比对他们自己的朋友还要苛刻。

在有些时候，会发生如下情况：

几个小伙伴来家里找孩子玩，家长对那些学习好的小伙伴喜笑颜开，热情周到。但是对那些学习成绩比较差、比较贪玩的孩子，就表现的充满警惕。甚至有些家长还会当面对这些孩子说："你们以后少来找我们××，他还要学习呢！"

这种不尊重孩子朋友的行为，对他人是一种伤害，对自己的孩子，其实也很容易带来一些负面的影响。

首先，会破坏孩子的社交环境。

家长不要觉得孩子的朋友都是一些小孩子，所以就可以比较随意地与他们讲话。事实上，从6岁之后，孩子就有了尊重与被尊重的意识。如果家长不够尊重孩子的朋友，他们是可以感受到的，而这个年龄段的孩子又是最敏感的，一旦感觉到自己不被尊重，内心就会产生非常抵触的情绪。他们可能不会当面发作，但是却会主动与孩子保持距离。家长千万不要觉得："那不是正好？我就是不想孩子和他一起玩。"要知道，孩子的朋友圈往往是一个整体，有一个朋友对你的孩子产生了偏见，并且是有理有据的偏见，那么他就会将这种偏见传递给其他人，让你的孩子在整个朋友圈中都处在一种非常被动的局面中。例如，某个家长当面训斥了孩子的某个朋友一顿，那么这个朋友就会对其他朋友说："以后不要去某某家了，他的妈妈很厉害，很会骂人。"如此一来，孩子建立起的小小朋友圈就可能会因此"变质"，这对于孩子的社交发展其实是不利的。

其次，不尊重孩子的朋友，可能让孩子觉得自己的选择也是不被尊重的。

让谁当自己的朋友，其实是孩子的一种选择。这就

意味着，家长不尊重孩子的朋友，其实从某种程度上也就是不尊重孩子的选择，这会让孩子产生很大的逆反心理，破坏和谐的亲子关系。尤其是对于年龄稍大的孩子来讲，不尊重他的朋友会让他觉得自己在朋友中间"丢尽了面子"，因此可能会爆发比较严重亲子冲突。

相反，如果家长能够支持孩子正常的社会交往，尊重孩子的朋友，不仅可以让孩子感到父母对自己的尊重，增强孩子对父母的信赖感。而且增加父母在孩子进行社交选择时的影响，他们会更加慎重地对待父母的社交建议。

聪明的家长，懂得引导孩子去看朋友的优点，而不是盯着朋友的缺点。例如，孩子的一个朋友学习成绩不太好，但是性格比较开朗，而且很注意个人形象。这个时候，家长可以夸奖孩子朋友这方面的优点，并且告诉孩子要向他学习。

我们希望朋友能够成为促进孩子进步的一个催化剂，但并不是只有"完美的朋友"才能促进孩子的进步。每个人都有自己的优点和缺点，家长如果能够引导孩子去发现别人的优点、规避别人的缺点，那么孩子就能在社交中获得源源不断的进步动力。

相反，如果家长总是盯着别人的缺点，生怕别人把自己的孩子"带坏了"，其实是走进了一个误区——忽视了孩子的主观性、将孩子的一切行为都归结于客观的影响。我们为什么会觉得孩子没有自己的判断力？没有自己的价值观？归根结底，是因为对孩子"不够信任"——不相信孩子的判断力，所以总是在质疑他们选择的朋友。如果真的到了这个地步，我们家长最应该做的不是帮孩子"驱散坏朋友"，而是帮孩子提高他的判断力。

帮孩子提升判断力的第一个方法，是告诉他们何为损友、何为益友。

家长帮助孩子判断什么是损友、什么是益友的时候，针对的不是某一个人，我们不要轻易下结论说某一个朋友是损友、某一个朋友是益友，而是要告诉孩子：哪类行为是损友的行为，哪类朋友是益友的行为。

拿学习来讲，如果家长仅仅是根据学习成绩来具体判断一个人的话，很容易得出错误的结论——一个同学的学习成绩不好，家长就认为他可能会"拖累"孩子学习的成绩，让孩子不要和他做朋友；一个同学的学习成绩很好，家长就认为这个同学有助于帮助孩子提高学习成绩。但如果情况是：那个学习成绩不好的孩子，其实很有上进心，在和孩子一起的时候，总是向孩子请教问题，总是在讨论

学习上的事情；而那个学习成绩很好的孩子，属于"白天玩得欢、晚上学得凶"的类型，那么这两个孩子谁更能促进孩子的学习呢？可能是前者。因此，家长基于成绩的判断，就是错误的。

家长要告诉孩子：那些有上进心的孩子、心思在学习上的孩子、能和你一起讨论问题的孩子，就是你学习上的益友；那些总是在你想学习的时候打断你、怂恿你去玩的朋友，就是学习上的损友。如果孩子有了这方面的判断力，那么他在选择朋友的时候，自然知道该和谁一起玩。

在品德上，家长就更不要轻易评判孩子朋友的道德水准了，因为对他们不够了解，很难有正确的评价。我们要告诉孩子，要接近那些为人正直、做事公道、不损人利己、不搬弄是非的人，要远离那些总是试图拉你去做一些不轨之事、总是在损人利己、说话不讲信用、做事不讲原则的人。

通过这样的"分类教育"，孩子有了明辨是非的能力之后，自然能够亲君子、远小人，他们自己能够找到适合自己的朋友，并与之建立起友情，相互促进、相互帮助。这要比家长亲自出面、靠着自己对孩子朋友们的一知半解，去指挥孩子要和谁亲近、和谁疏远，更能起到正面的

效果，

其次，我们要教会孩子以正确的方式对待自己的朋友。

人常说，人寻人，鬼寻鬼，王八就寻那四条腿。物以类聚，人以群分是人际交往中一个永远不变的真理。所以，想要让孩子身边多是"良友"，孩子自己首先得成为一个能帮助别人、能带领朋友共同进步的"好朋友"。

家长在教育孩子的时候，要告诉他们在朋友交往中，哪些事情可以做，哪些事情不能做。例如，我们引导孩子：去和朋友们比拼学习成绩，而不是比赛穿耐克阿迪；去和朋友们参加有助于身体健康的体育运动，而不是总考虑搞什么恶作剧、找什么小刺激……当你的孩子开始做正确的事时，你会发现他的身边就都是正确的朋友；相反，如果孩子染上了一些不好的习惯，那么就是招来一群不好的朋友。家长不要以为把孩子和所谓的"狐朋狗友"隔绝开，孩子就自然会变好。这叫本末倒置，正确的逻辑是：如果孩子远离了不好的习惯和行为，那么狐朋狗友自然会远远地离开。因为不是一类人，自然就不会往一块凑。

人们常说，想要了解一个人，就看他身边有什么样的朋友。对于家长来讲，随着孩子慢慢长大了，他在外面的

自主性越来越强，家长可能对自己的孩子"在社交中究竟扮演者什么样的角色，在家庭以外的空间究竟是一个什么样的人"，并不是那么了解了，这个时候，我们就可以通过孩子交了一群什么样的朋友，来判断孩子的社交状况。而想要真正了解孩子的朋友，前提还是"尊重"二字。

所以，尊重孩子的朋友，就等于尊重自己的孩子，同时也为自己打开了一条深入了解孩子的新通道。

05/ 如何消除孩子对玩伴的攻击性

在儿童社交中，我们发现了一个比较普遍的现象——有些孩子，在面对陌生同龄人的时候，攻击性并不是很强。当他们和经常在一起玩耍的玩伴接触时，反倒会表现出比较强的攻击性。

这一现象看起来"反常"，但实际上很好理解——因为更了解，所以更肆无忌惮。当然，在大部分情况下，孩子之间的争斗他们自己不会太放在心上，今天打成一团，明天依然笑嘻嘻地混在了一起。但是对于家长而言，如果孩子在和玩伴接触的过程中表现出了过强的攻击性，我们应该引起注意，不能任由孩子放任自己的攻击行为，那不仅对孩子的社交会有所损害，也会对孩子的性格发展造成一定的影响。

当孩子体现出攻击性的时候，大部分家长的教育方式是"唠叨"：

你怎么又打人了？这样做不对你知道吗？

以后不许上手大人，在这样不许你和某某玩了！

……

在大多数情况下，如此教育的效果并不好，有攻击性的孩子，不会因为家长的三言两句就会有较大的改观。想要化解孩子的攻击性，家长需要一些更加科学的教育方式。

首先，家长应该对儿童的攻击性行为有所了解。

大量的儿童心理研究表明，早在2岁左右，很多儿童就会体现出一些攻击性的行为，他们的这种行为会在之后的几年时间里迅速"膨胀"，在孩子学龄前这段时间，也就是4—5岁的时候，攻击性会变得非常强。但是大多数孩子在6岁之后就会收敛起自己的攻击性，如果一个孩子6岁之后，依然表现出了强大的攻击性，那么家长就需要格外注意了。

攻击性也可以分为两种：第一种是临时攻击，第二种是敌意攻击。

临时攻击指的是孩子因为某种突发的冲突产生的攻击行为。孩子和玩伴交往的时候，会发生许多他们以前没有碰到过的事情，当类似的事情发生时，由于孩子缺乏解决的经验，他们就会本能的发起攻击。例如：两个孩子本来玩得挺高兴，其中一个孩子不小心碰到了另外一个孩子的头，另外一个孩子马上愤怒了，并产生了攻击行为。这是一种比较常见的儿童攻击行为，起因是突然发生的、让孩子感到自己利益受损的事件，而本质是孩子缺乏处理这类事件的经验和能力，所以他们选择了一个比较"原始"的处理方式。

遇到这样的事情时，家长其实不必太过紧张，我们只需要教会孩子如何正确地处理此类事件，他们日后就会克制自己的攻击行为，采取更加理性的办法对待玩伴的"突然侵犯"。

敌意攻击指的是孩子故意给某人造成痛苦。

如果说临时攻击是出于报复心理的话，那么敌意攻击就是一种主动的攻击行为。他们可能因为某件事情，对自己的玩伴有所芥蒂，所以就会对玩伴产生敌意，会经常性的攻击自己的玩伴，目的是给玩伴造成痛苦。

这类攻击行为只会发生在玩伴的身上，也是一种比较"可怕"的攻击行为。因为这意味孩子开始"记仇"，开始有了长期的报复行动。面对这一类型的攻击性行为，家长要做的是帮助孩子"化解仇恨"，告诉孩子凡事要向前看，不能总是被往事所牵绊。当然，想要让孩子明白这个道理，需要一个比较长的过程。但这也是家庭教育的一个显著特点——潜移默化、立足长远。

有些家长会发现，自己的孩子似乎比其他孩子的攻击性更强，这究竟是为什么呢？原因是多方面的，但是大体可以总结为三类：

图3-2 影响孩子"攻击性"形成的三要素

第一个原因是生理上的。

孩子的很多性格，其实是从基因里带出来的。有些孩子就是天生容易冲动，那么他们的攻击性自然就比一般的孩子要强一些。有点孩子天生难以适应情况的改变，在面临外界的刺激时，他们的情绪波动会比较大，也会体现出比较强的攻击性。

对于年龄很小的孩子而言，这种从基因里带出来的攻击性是很难被克服的。生理学家指出，神经系统对小朋友的攻击性行为有影响，在孩子的神经系统完全成熟之前，他们的行为更难被理性所控制，如果攻击是孩子的本能，那么他们就会被这种本能所操控。所以，对于低龄的、攻击性很强的孩子，家长最应该做的不是和他们讲道理、谈是非，而是要充分发挥监护人的职责，尽量阻止他们的攻击行为，避免他们的攻击行为造成恶劣的影响。一般来讲，等到孩子的大脑逐渐发育成熟之后，理性占领了"思维高地"之后，攻击性行为就会自然退却。

第二个原因是"经验习得"。

生理上的攻击性行为，通过后天的教育是比较容易修正的。但是，如果孩子从攻击性行为中尝到了甜头，汲取了"成功经验"，那么家长想要扭转孩子的攻击性思维，就比较困难了。我们要知道，在孩子的世界里，"武力"是一个重要的评价标准。一个孩子，如果他在和别人打架的时候，总能够获得"胜利"，不仅他自己会觉得自己很强、很善于通过这种方式解决问题，就连其他孩子也会觉得他"很厉害"。如此一来，就会给这个孩子带来一种心理上的巨大的满足感，进一步强化了他的攻击倾向。

当家长发现了孩子会因为攻击性行为产生成就感甚至自豪感的时候，就一定要引起特别的注意，并且很有必要采取一些惩罚性的措施，去抵消掉他的成就感和自豪感。如果家长此时不能及时介入，就会发现孩子的攻击性会越来越强。

第三个原因是模仿。

心理学研究早就证明，家长喜欢用暴力解决问题，那么孩子就会产生更强烈的攻击倾向。举个最简单的例子，也是在现实生活中经常发生的例子：一个父亲正在熟睡，孩子过去揪住他的头发把他疼醒了。父亲很生气，拍打了孩子两下。不管这个拍打是惩戒性的轻轻拍打，还是报复性的比较重的拍打，都会给孩子形成一个印象"以暴制暴"是可以的、是合理的。那么将来孩子遇到问题的时

候，也自然会倾向于用武力解决。

以上三个原因，是孩子攻击性比较强的根源所在。找到了问题的根源，我们就可以去有的放矢地解决这些问题了。

在孩子小的时候，由于先天性格、神经发育等原因，他们缺乏理性，因此会本能地采取一些攻击性的手段。这个时候，家长要充当孩子的"理性脑"，去及时阻止孩子的攻击性行为。当家长发现孩子开始愤怒，并且有了攻击倾向之后，就一定要加以干涉。而且家长要注意，在干涉的过程中，我们不仅要终止孩子的攻击行为，更要抚平孩子的愤怒心态。

例如：孩子因为和玩伴争抢玩具，产生了一点小冲突，便想要去攻击对方。家长首先应该控制住孩子，不要让他们的攻击行为实施出来。然后，我们要对他们的愤怒情绪表现出理解："是不是因为刚才小朋友抢了你的玩具，所以你不高兴了？"当孩子觉得父母能够理解自己的时候，他们内心的愤怒等级就会降低。相反，如果父母上来直接说："你怎么想打人？你怎么可以打人呢？"孩子就会觉得自己不被理解，因而更加愤怒，这对于安抚孩子的情绪会起到负面的作用。

然后，父母就要充当孩子的"理性脑"，帮助孩子分析问题，可以对他们说："小朋友相处的时候有点不愉快是正常的，你如果感到不高兴了，就要把自己内心的想法说出来，打人是解决不了问题的，你说对吗？"

通过理性的分析，可以让孩子接受我们的"社交规则"，从而降低他们的攻击性。

此外，家长还可以通过"正面教育"的方式，去化解孩子的攻击性。

对于大多数孩子而言，"正面教育"可以有效塑造他们的性格和行为习惯。1968年，美国心理学家罗森塔尔做过一个实验：他们随即找到了几个孩子，声称要对他们进行智力测验。事实上，智力测验只不过是一个幌子，不管测验的结果如何，他们都会对孩子们说："你是一个天才，你非常聪明，只要稍微努力一点，就可以在学业上获得成功。"过了8个月之后，人们发现，这些随机挑选出来的孩子在成绩上都有了巨大的进步。这就是正面教育的作用。

在对待孩子攻击性行为的时候，我们也可以采取这样的方式，家长可以经常对孩子说："你是一个能够控制自己情绪的好孩子。""今天你虽然生气了，但是没有伸手

去打自己的小伙伴，进步很大，妈妈为你骄傲。"通过鼓励和引导，可以让孩子有意识的控制自己的攻击行为。心理学家鲁道夫·德雷克斯说："孩子们需要鼓励，就像植物需要水，没有鼓励他们就没法生存。"家长不仅可以通过鼓励让孩子把他们善于做的事做得更好，也可以通过鼓励，让他们努力去做好自己并不擅长的事情。

　　家长除了引导和教育孩子之外，也应该多去想一想，自己是不是给孩子提供了一个"低暴力"的生活环境。我们应该反思：自己在生活中是不是也会有暴力行为？自己给孩子提供的娱乐方式里，是不是含有暴力行为的成分？如动画片、电影、电视剧等。家庭的关系是否和睦，夫妻之间是不是存在语言暴力、冷暴力等不和谐因素？孩子的大部分行为都是在模仿中习得的，所以让孩子远离暴力环境，是降低孩子攻击性最有效的做法。

第四章
沟通训练：
带孩子领会"倾听的力量"

　　沟通是社交的基本技巧，听与说是两种基本的沟通能力。怎么做孩子才能更会听？如何培养孩子的好口才？这都是需要家长认真思考的问题。认真解决孩子的沟通问题，会让孩子的社交之路走得更顺畅。

01/ 孩子不"听话"，根源在家长

所谓的孩子不听话，有两种含义：第一种是孩子比较叛逆，不会按照你说的去做；第二种是孩子根本就不愿意听你说了什么，家长无论重复多少遍，孩子依然把家长的话当成耳旁风。

如果孩子出现了第二种情况，那么意味着他在社交中可能不太善于倾听，家长需要想办法提升孩子的"倾听力"。但家长需要明白的是，提升孩子的倾听力，首先要做出改变的不是孩子，而是家长。因为在大多数情况下，毁掉孩子倾听力的，恰恰是家长错误的沟通方式。

首先，家长太"啰唆"，会毁掉孩子的倾听力。

正所谓"关心则乱"，很多家长对发生在孩子身上的大事小情都过分关注，因此话也特别多，而且经常是一句话来来回回地嘱咐很多遍。如此沟通方式，非但起不到想要的效果，还有可能会引起孩子的反感。久而久之，孩子就会对家长的唠叨"免疫"。你说得再多，他心情好的时

候会敷衍你两句："嗯，记住了""放心吧"；他心情不好的时候，干脆就直接给你怼了回来："烦不烦啊""我耳朵都要起茧子了"。

家长太啰唆，孩子自然不愿意听，而且他们会因此对重复的、劝诫式的语言产生极大的反感，并逐渐丧失倾听的能力。所以，我们家长在和孩子尤其是超过4岁的孩子沟通时，要做到语言尽量精炼、有效。

1 不要一下抛出一大堆观点
2 "就事论事"，言简意赅
3 不要打断孩子的注意力
4 表现出对孩子的尊重
5 做到"言必行、行必果"

图4-1 家长如何帮助孩子塑造"倾听力"

第一，不要一下抛出一大堆的观点，这样孩子很难消化。这就好像吃东西一样，人们对于自己消化不了的东西会有什么反应？很简单，就是不吃了呗。孩子对于消化不了的语言也是如此，干脆就不听了。

第二，家长和孩子沟通的时候要注意"就事论事"，不要把一件小事衍生出多个概念，用复杂、冗长的解释来诠释这件事情。例如：孩子打碎了家里的一个杯子，家长只需要和孩子谈论杯子的事儿就可以了。不要说什么："你这么毛毛躁躁的，以后可怎么得了""打碎杯子是一件小事，但是这反映了你平时就马虎大意的缺点"等等的衍生性话题。这只会让孩子更加烦恼，对家长的"问题扩大化"的交流方式产生抵触。

其次，如果孩子的注意力在别处的时候，我们不要打断他们强行交流。

小孩子的注意力很难长时间高度集中，而当孩子正在集中注意力干某件事情的时候，家长最好不要打断他，因为注意力被打断的话，会带来极度反感的情绪。更重要的是，如果孩子的注意力总是被频繁打断，那么他们的注意力水平就会因此降低，等孩子长大以后，他们很难集中精力去从事某件事情。如此一来，他们在学习和工作中，就很难取得良好的效果。

家长尤其不要在孩子注意力高度集中的时候，去找他们谈话。例如：孩子正在专心致志地看电视，或者搭积木，家长认为孩子反正是在玩，不妨和他们"交流"一

下，于是到孩子跟前，打断他们正在做的事情，去和他们讲话。

此时，孩子的内心会非常不舒服。即便他们放下了眼前的事情，开始和家长沟通，也很难取得良好的效果。这样的事情发生得多了，孩子就会对沟通这件事情产生抵触情绪，更不愿意听父母讲话了。

如果家长确实有重要的事情，必须马上和孩子交流，也不要粗暴地打断他们，而是要先走到孩子身边，别说话，坐下来，以此引起孩子的注意，当他们从正在做的事情上把注意力"分"给了你的时候，再和他们进行交流。

再次，家长在沟通中要表现出对孩子的尊重。

有些家长，总是喜欢一边做事情，一边和孩子说话。如此行为，会让孩子感觉沟通这件事情是不严肃、不必认真对待的，甚至会让他们感觉自己的语言甚至是存在都"没那么重要"，因而对沟通产生抵触情绪。所以，在进行正式沟通的时候，家长要把自己的注意力放到孩子身上，让孩子感受到自己在沟通的过程中，是被关注、被重视的，如此一来，他们才更愿意沟通，更愿意倾听家长的话。

最后，家长要做到言必行，行必果。

很多时候，家长在和孩子沟通的过程中，喜欢许诺，但是又实现不了，如此行为，孩子自然会有所不满，进而对家长的话也没那么相信了，自然也就不愿意倾听了。例如，有的家长对孩子说："抽烟是不好，爸爸一定戒烟，好不好？"孩子听了自然很高兴，他以后会特别留心这件事情。结果呢，孩子发现家长还是在接二连三的抽烟，这个时候他们自然会失望。对戒烟失望，对家长的许诺失望。等下次家长再和他们说什么的时候，他们首先会抱着怀疑甚至是抵触的情绪去听，自然"听不进去"。

所以，家长在对孩子许诺的时候，一定要慎重，不要画大饼，因为家长在孩子心中是全知全能的存在，他们觉得你说的话都能实现。一旦让孩子发现家长也经常说空话、说得到做不到，这对于孩子的"家庭信仰"是个打击，他们从内心深处失去了对家长的一部分尊重，自然会"轻视"家长的话，不愿意认真倾听家长的话。

以上四个方面，是家长在塑造儿童"倾听力"时，自己需要注意的几个要点。在亲子关系中，家长处于引导地位，孩子的行为大都是家长引导的结果。所以，当孩子出现了类似于"不听话"的问题时，家长首先要做的不是帮孩子找原因，而是要从自己身上找"起因"。家庭教育的

核心是四个字"言传身教",所以家长必须要做到"言行一致",才能取得良好的教育效果。

02/ 孩子善沟通,才有"共情力"

在儿童成长的相关理论中,"贫富差异理论"一直以来都备受关注,这一理论认为:家庭的贫富程度,会影响孩子的智力发展。这一理论是如何产生的呢?早在1995年美国人类学家贝蒂·哈特和托德·雷斯利曾经做过一个"3000万字差距"的调查。

他们花了两年半的时间,追踪调查了42个家庭,最后发现,出生在富裕家庭的孩子,在他4岁之前,将比出生在贫寒家庭的孩子多听到"3000万个单词",而富裕家庭的孩子平均智商为117,贫寒家庭的孩子平均智商只有79。因此,他们得出结论"贫富程度的不同,造成了儿童智力的不均衡发展"。

多年之后我们再来回顾这一调查,会发现:真正对孩子的智力造成决定性影响的,其实并不是贫富,而是家庭中的沟通频率。麻省理工学院的一项新研究,证明了这一点。

麻省理工学院、哈佛大学和宾夕法尼亚大学的研究小组共同开展了一次关于儿童智力发展的新研究。他们在波士顿地区找到了30多名4到6岁的儿童，作为研究的对象。

研究的方法是：给孩子播放家庭中亲子对话的录音，然后同时扫描孩子大脑的活动。最后发现，孩子与父母交谈的频率越高，他们大脑中语言区域的活跃型就越高，这和家庭的收入没有太大关系。

也就是说，如果孩子生活在一个充满沟通的家庭里，他们的大脑活动就会更加活跃，因而智力也会发展得比较快。正如《麻省理工科技评论》中的一篇文章所说：父母和孩子谈话可以影响孩子大脑的生物成长，这非常神奇！

这个研究还发现，通过家长和孩子的沟通，孩子可以从家长的语言中，得到许多关于社交方面的信息，这有助于提高孩子的社交技能和口头推理能力。参与了此次研究的一位科学家表示：交谈不仅促进了亲子关系，也促进了孩子的社交能力。沟通本身具有强大的能量，促进了孩子多方面能力的同时发展。

在明晰了这一点之后，当我们再看到一个孩子善于沟通、拥有良好的社交技巧时，就应该想到"他出生在一

个父母愿意和孩子做许多沟通的家庭中"。孩子的沟通能力，其实就是从与父母的沟通中，锻炼出来的。

而且，家长更应该意识到，通过频繁沟通锻炼出来的儿童沟通能力，并不仅仅是指儿童的口才、话术这些表面化的能力。更重要的是，儿童的共情力也在这个过程中得到了极大提升。

我们知道，孩子的情绪控制力是很差的。这主要是因为，年龄尚小的孩子，他们只能注意到自己的情绪，并不能去考虑他人的情绪感受。而且从"硬件"上来讲，孩子大脑中负责理性应对情绪变化的那个区域，还没有得到充分的发展。因此，在最初的亲子沟通中，家长会感觉孩子是"蛮不讲理""以自我为中心"的。这其实是正常的现象，大部分家长即便不知道孩子为什么会这样，他们也能够给予充分的理解、宽容和引导。例如，一个孩子总是不愿意写作业，而且家长一催促他，他就立刻表现得很反感。这个时候，大部分家长会先去照顾孩子的情绪，再去讨论作业的问题。他们会说："我知道你现在心情不好、因为你觉得写作业很枯燥对不对？""你今天为什么不想写作业，能不能和妈妈说说？"这就是"先处理情绪，再处理问题"的一个体现。但是学校中的老师大部分不会这样做，他们肯定是以问题为导向的。所以，亲子沟通和其他的社交沟通有很大的不同，对于孩子来讲具有不可替代性。

在交流中从情绪出发，是亲子沟通的一个最大特点，也是培养孩子共情能力的一个基础——只有你先照顾孩子的感受，孩子才会逐渐学会照顾你的感受，进而照顾其他人的感受。

另外，亲自沟通还有一个最大的特点，就是大人会把自己内心的想法袒露给孩子。在其他社交活动中，孩子很难在沟通中了解他们是怎么想的，在与同伴的交流中，孩子的朋友们并不具备准确描述内心的能力；在和老师的沟通中，老师更多的是在向孩子描述他想要达成的目的，而不是他内心的想法。只有在和家长沟通的过程中，孩子能"听到"别人的内心。例如，孩子和家长闹了一点矛盾，家长骂了孩子几句，事后，家长很后悔，他们就会对孩子说："妈妈刚才是不是太凶了？其实妈妈在发火的时候，自己也很难受的，而且等事情过去了，妈妈感到很对不起你，刚才是妈妈没有控制住情绪，是妈妈不好。"这样的话，孩子们可能也只能从家长口中听到。

通过家长与孩子之间的坦诚交流，孩子会逐渐走进另外一个人的内心世界，他们会逐渐体会到他人心理上的

"微妙之处"，因而拥有更强的共情能力。再者，由于父母是孩子最在乎的人，所以孩子与父母"共情"的意愿也更加主动，所以不管从哪个角度来看，父母都是孩子在发展共情力时，最佳的"共情对象"。

共情力的发展，对于孩子的成长非常重要。第一，有了共情力，孩子才能够更加准确地体察别人的情绪；第二，有了共情力，孩子能够真正了解别人；第三，有了共情力，孩子能够成为一个情感较为丰富的人，他们的内心会更加细腻，心地会更加善良，同时也更能洞悉"人性的弱点"，从而更好地保护自己。

总而言之，共情力是一种及其重要的社交能力，而家长可能是唯一能够帮助孩子有效提升这项能力的人，我们通过频繁的、合理的家庭沟通，来实现孩子各方面能力包括共情力的全面发展。

03/ 儿童好口才，社交好沟通

沟通就是"听"和"说"的艺术，我们教会孩子倾听，也要训练孩子关于说话的技巧，不断提高他们的口才水平。

儿童口才主要体现在两个方面：

第一是敢说，愿意说。

很多孩子在家里口才很好，但是一遇到陌生人或陌生的场合，语言能力就会变得很差，要么不敢说话，要么磕磕巴巴，这便是口才有问题。

第二是会说。

孩子不仅要敢说，更要有良好的语言思维，能够高效、准确地表达自己，能够以语言的力量去说服别人。

只有同时满足以上两个方面，才能说孩子拥有了好的口才。

家长训练孩子口才的最佳时机，是7岁左右，因为在这个年龄段，孩子大脑中的听觉区和语言区会进入高速发展期，在这一时间段内培养他们的口才能力，一来可以起到事半功倍的效果，二来也可以促进这两大大脑区域的正常发育，让孩子拥有更善于"听"和"说"的聪明大脑。

当然，这并不意味着7岁以前家长不需要关注孩子的口才成长。在他们年龄尚小的时候，家长需要做的事情是——纠正孩子不好的语言习惯，为将来全面提升口才做准备。

在孩子刚学会讲话的时候，我们主要是纠正孩子的音准。这个时候的孩子音准差，吐字不清，所以需要家长不断地纠正。可在现实生活中，我们经常发现，有些家长非但不去纠正孩子的语言缺陷，反而会将这种缺陷放大化，比如孩子经常把裤子说成兔子，家长们不去纠正孩子，还跟着孩子一起把裤子叫成兔子，这无疑是一种不太正确的做法，会对孩子形成语言误导，影响他们的语言成长。所以，虽然孩子的某些措辞、语调有时候"错得很可爱"，但是家长还是要尽量去纠正他们，用标准的语言和孩子讲话为好。

如果孩子年龄比较大了，依然存在吐字不清的状况，那么很可能是以下几个原因造成的：

首先，可能是孩子的口腔触觉发育比较迟缓；其次，可能是因为孩子一直在吃流食，导致孩子的口腔肌肉不够发达，控制力不够强；最后，可能是因为孩子听得少、练得少，父母太忙碌，和孩子说话比较少，所以他们不能很好地从听话中学习说话，也无法通过说话锻炼说话。

在搞明白了以上几个原因之后，父母就要有的放矢地去训练孩子的说话能力，首先是该给孩子吃辅食的时候，就要给孩子吃，不要因为溺爱孩子而总是让孩子吃流食；

其次就是要多和孩子交流，你和他多说一些话，他才能和你学说话。

提升孩子的口才，先要在孩子小的时候给他们打下一个良好的基础，避免孩子到了一定年龄之后，还存在口齿不清，甚至语言模糊、口吃等现象。如果孩子有这方面的缺陷，当他们开始展开社交的时候，就会被别的孩子耻笑、学舌，如此一来，轻则会让孩子不敢轻易讲话，重则可能会产生语言障碍，到时候就悔之晚矣了。

当孩子有了清晰的口齿之后，家长就可以去考虑训练他们的综合口才了。少儿口才训练和成人口才训练有两个最大的不同：第一，成人注重技巧，少儿注重逻辑；第二，成人注重内容表达，少儿注重生动表达。

大多数成年人所谓的好口才，指的是那种可以调动听众情绪的煽动性语言，孩子没有必要学习这样的口才技巧，我们家长要着重培养孩子口才的逻辑性。对于大多数7岁左右的孩子来讲，他们的思维是语言化的，他们想问题的时候会用语言来思考。这就意味着，如果我们能够提高孩子的语言能力，同时也就等于提高了孩子的思维能力，反过来也是一样的，我们训练孩子的思维能力，也可以提升他们的语言能力。而对这个年龄段的孩子来讲，最宝

贵的思维能力就是逻辑思维。所以，家长在和孩子说话的时候，要引导他们朝着更有逻辑的方向发展自己的语言习惯。比如，我们可以通过语言训练，来教会孩子"因果关系"。在和孩子说话的时候，我们引导他们尝试采用"因为……所以"的句式，因为太阳下山了，所以天就黑了；因为我好久没吃饭了，所以我饿了；因为妈妈今天生气了，所以她显得有些不高兴……再如，家长可以通过语言训练去培养孩子认识"类比关系"，家长可以教孩子说：小鸡、小鸭都是黄色的小动物；爸爸、妈妈、孩子都是一家人；小鸟、蜻蜓、老鹰都在天上飞……通过这样的语言训练，可以加强孩子的归类意识，这也是逻辑思维的一种体现。

总而言之，家长在训练孩子口才的时候，不要花很多时间去教他们一些技巧性的东西，如"想要让爸爸带你出去玩，你该怎么求爸爸啊？""你这么说，其他小朋友才会喜欢你啊！"之类的语言技巧，我们要着重培养孩子的语言逻辑，让他们成为说话有理有序、思维条理清晰的人。

儿童口才和成人口才的另一个不同之处是成人重内容，儿童重生动。成年人说话的时候，只有说话内容体现出足够的专业性和权威性，才能赢得听众的认可。孩子吸引听众的方式，则主要靠生动的语言。

生动的语言背后，是孩子的联想能力和想象力。所以，家长应通过培养孩子的发散性思维，来增强他们语言的生动性。培养发散性思维有两个比较好的办法：

一是给孩子思考的空间。

成年人的世界里大多数事情都有固定答案，在遇到问题是，我们家长不要马上就把这些固定答案告诉孩子，而是要给他们留有想象的空间。例如：前一段时间网络上有一个新闻比较火，小学生做语文题，题目是冰融化了是什么？标准答案应该是水，但是有一个孩子却回答说"春天"。这就是一个很好的发散性思维案例。如果成年人不给孩子思考的空间，直接告诉他们"冰融化了叫水，这是标准答案，你就这么说就对了"，那么无疑等于是在遏制孩子的想象力。相反，假如我们成年人能够提出问题之后给孩子一个想象的时间，让他们去充分调动自己主动思考的能力，或许我们会发现，自己的孩子拥有无数的奇思妙想，他们的想法和语言充满了"趣味性"，我们要保留孩子语言中的这种想象力和趣味性，这些东西不仅能让孩子在社交中赢得好人缘，更能够让他们的思维更加活跃、更

有创造性。

二是带领孩子总结归纳。

发散性思维，看起来是"灵光一闪"，其实是孩子对过往认知的一种提炼。所以，想要增强孩子的发散性思维，就要培养孩子的总结能力。家长和孩子看完一个动画片之后，要主动和孩子讨论刚才的剧情，让他们会回想自己看到了什么、想到了什么；家长和孩子出去玩了之后，也要主动去询问他们今天对哪件事情的印象最深刻，有什么想法。通过培养孩子总结归纳的能力，可以提高他们的发散性思维，进而提升他们的语言表达能力。

上述关于提升儿童口才的方法，其实总结起来可以用六个字基本概括，即：多听、多说、多想。家长只要帮助孩子做到这三点，他们的口才就会获得持续性地提升。

此外，家长还需要注意的一点就是"母语表达"。我们上述提到的所谓口才，都是建立在母语表达的基础之上。母语表达最显著的一个特点是"不教就会"，所以很多家长认为，母语表达不需要特别训练，因为等他们上了学之后，自然会进行这方面的学习，这是大错特错的，因为母语学习，有一个关键性的窗口就是7岁左右，如果错过了这个时间，孩子虽然也能够通过不断学习提高口才，但是学习的成本会大大增加。因为孩子长大之后，主要是训练他们的技巧，而类似于口腔开合度这类的母语发音习惯，就很难被纠正过来了。所以我们会发现，有些成年人在说话的时候，他们的内容其实没问题，但是语音、语调却给人一种很奇怪的感觉，这会大大降低他们的语言说服力。

美国语言学教授柯蒂斯博士发现，儿童语言的发展过程中，有一个专门的阶段用来学习、提高母语水平。这个阶段和孩子的大脑发育情况是紧密相关的，如果过了这个阶段，大脑渐渐完善，孩子的语言可塑性就会大大降低。所以，培养儿童口才尤其是母语口才，还是宜早不宜迟，家长要重视起来，不能掉以轻心。

04/ 当孩子懂得"适度"表达，便成熟了

很多喜欢表达、乐于沟通的孩子，都有一个特点——喜欢夸张的表达方式。对于年龄尚小的孩子而言，这不算什么缺点。但是如果孩子到了一定年龄之后，仍然不能改

变夸张表达的沟通模式，就可能会影响到社交圈子中其他人对孩子的评价，对他的社交造成不利影响，家长应该予以干预。

低年龄的孩子普遍存在夸张表达的现象，在身体不舒服的时候，他们可能会尖叫；在需求得不到满足的时候，他们也可能会尖叫；甚至是当孩子不知道该用什么词语来表达内心感受的时候，也会发出尖叫。这是很正常的现象。

到了孩子2岁左右的时候，他们依然会不时地用尖叫、怪声儿替代正常的语言，但是他们夸张表达的目的有所变化——这个年龄段的话，主要是希望通过夸张的表达方式，来引起家长的注意，甚至会以此来"要挟"家长，以达成他们的目的。所以，家长会发现这个年龄的孩子是最"聒躁"的。

孩子到了3岁之后，由于他们掌握的词汇量比较多了，所以大部分孩子会逐渐改变夸张表达的习惯。但是有一部分孩子依然保留了幼时的表达习惯，在家里、社交场合，都会很不合时宜地用夸张的表达方式来说话。实事求是地讲，即便是对于孩子来讲，这种行为如果频繁出现的话，也有些不得体了。这一点相信很多家长都会有所体会，无论是自己的孩子还是别人的孩子，如果不分场合、不分地点的"吱哇乱叫"，总是会让人心里头有些不舒服的。但与此同时，我们也应该知道，孩子之所以会养成这个所谓"坏习惯"，罪魁祸首其实是家长。

家长的三种行为可能会导致孩子倾向于夸张的表达方式。

图4-2　孩子夸张的表达方式从何而来

（1）没有耐心

有些家长，自己心情一旦不好的话，对于孩子的话就"听而不见"，如果孩子多叫他几声，他就会非常没有耐心地对孩子大喊大叫道："你一个劲嗡嗡什么？能不能

消停一会儿？"家长没有耐心的大吼大叫，也会摧毁孩子的耐心，让他们学会"大吼大叫"这一"技能"。我们经常说：孩子是家长的一个缩影，家长就是那种情绪容易失控、语言比较暴躁的人，孩子自然有样学样，也变成同样的人。

（2）"霸权主义"

有些家长在和孩子接触的时候，会表现得非常霸道。说不让孩子玩玩具了，立刻就将孩子的玩具都没收。说让孩子吃饭，孩子就必须马上出现在餐桌旁。如果家长不能循循善诱地引导孩子做正确的事情，只是不由分说地"操控"他们，就会让孩子滋生强烈地抗拒心理。而此时，他们自然会用夸张的表达方式来表达自己的不满。

（3）对夸张表达轻易妥协

我们不止一次地说，孩子会不断试探家长的底线。而很多家长，特别害怕孩子大吼大叫、夸张表达，尤其是到了公共场合，就更怕了。于是，孩子在大街上想要什么东西，家长不给买，只要他们一大吼大叫，家长就立刻会妥协，选择"息事宁人"。如此行为，只会让孩子觉得夸张表达是一种能够让家长屈服的有效"工具"，他会越来越频繁地使用这种工具。

为了改变孩子的这一不良习惯，家长可以从以下几个方面着手：

首先，对于年龄比较小的孩子，家长要主动去了解他们过度表达的原因。例如："你是不是饿了想吃东西？""是不是不舒服？""是不是觉得这个玩具很好玩？"当孩子能够在第一时间准确地说出孩子的需求时，他们会觉得自己的行为能够被家长理解，通常就会减少夸张表达的频率，更趋向于正常的表达方式。

其次，在孩子夸张表达的时候，家长要冷静。有些家长，一旦孩子大吼大叫，他自己首先慌了。而这个慌乱的情绪，孩子是可以感受到的，因此他们也会慌乱，越是慌乱，则约会夸张表达，这是一个恶性循环。所以，家长在任何时候，都应该保持冷静、从容的姿态，孩子才能在你的身上汲取理性的力量，改善他们一遇到突发状况就喜欢夸张表达的"毛病"。

最后，家长要懂得用"隔离法"来安抚孩子的情绪。

如果孩子在进入到某个环境中之后，表达方式会显得格外夸张，那么家长就要暂时将孩子从这个环境中隔离出来。例如，孩子进入到游乐场之后，由于过度兴奋，他们手舞足蹈、大喊大叫，这个时候，家长应该把孩子叫出

去，告诉他们："即便你很兴奋，在公共场合也应该收敛一点，要懂得用合理的方式适度地表达自己的情绪。"当孩子远离那个对他形成刺激的环境之后，他的心态也会平复下来，更容易听取父母的意见。

培养孩子适度表达的目的，还是希望他们可以在社交中有比较得体的表现。如果孩子在和别人接触的时候，总是显得一惊一乍，就会对玩伴造成一些心理上的负担，如此一来玩伴们会对孩子形成比较负面的印象。

过度表达本来是一件小事，但是如果因为这件事情导致孩子被朋友所排斥，就有些不值得了。而且家长们也应该能够观察到一点，就是过度表达这件事情如果不去纠正的话，可能在孩子长大以后依然会保留这样的行为模式。在我们周围，一定有许多成年人在说话的时候表情夸张、肢体语言过度丰富、一惊一乍、神秘兮兮，这类人在集体中很容易遭到轻视和非议。

所以，我们要从孩子小的时候就去纠正他们的这个小缺点或者说小习惯，以免它将来形成习惯、融入性格中。

05/ 表情也是一种语言，
孩子必须能"听懂"

有一类孩子，他们在与人交谈时，从来不会说让人感到不悦的话，说话时也懂得适可而止，表现得非常贴心。这类孩子在家长眼里，就是个聪明的小人精。不可否认，这类孩子很聪明，但他们更有一双能"听懂"他人表情的眼睛。正因为听懂了，才会做出让人感到舒适的言行举止。

人的表情也能"听"？当然可以。不过确切地说，不是听懂，而是看懂。

比如，我们现在使用的手机或电脑上，都会有社交软件。在这些社交软件的聊天框的功能栏内，有一个专门的表情功能。这些表情有开心、有兴奋、有难过、有哭笑不得，等等。每当我们接收到别人发来的表情后，能够自然而然地知道对方的心情如何。而人的表情也是有相同作用的。

所以，表情也是一种语言。我们的孩子想要在社交场

上如鱼得水，就必须要"听懂"一个人的表情。

有时候，人们说的话会作假，但是人的表情却是由内而外不自觉表现出来的，如果没有学过专业的表情管理，很难作假。从一个人的表情中，我们可以得到哪些有用的信息呢？

比如人的性格。通常来说，性格开朗的人，总是将微笑挂在嘴边；性格不拘小节的人，总是发出爽朗的大笑声，眼角的笑容一刻都不会消失；性格内向的人，表情会很严肃或是面无表情；性格敏感的人，总是表现得不开心，眉眼总是低垂。

在人际交往中，人的性格是一个重要的参考因素，当孩子通过表情读懂他人的性格后，就能够明确说话的尺度。

通过表情，也能够得到他人当时的情绪如何。成年人在听到不开心的话语时，会用不在意的表情来伪装自己的不开心，但我们的孩子因为年龄小，即使伪装，也是漏洞百出。所以，当孩子听到不开心的话语时，他们会直接表现出生气的表情。如果我们的孩子能够看懂小伙伴不开心了，就可以请及时去补救。

此外，从表情中还能看出其一个人的想法。当与人商量某件事时，如果我们的想法不能令他人满意，他人的眉头就会皱起，表情显得极为严肃，这个时候就可以让对方说一说自己的想法；当我们的想法令他人满意了，他人就会表情放松，并不住地点头。我们孩子如果掌握了从他人表情读懂其想法的技能，就会是一颗令人感到暖洋洋的小太阳，感到贴心。

所以，人的表情比人的话语更能反映出一个人的真实感受、真实想法。因此，教导我们的孩子看懂表情有时候比听人说话更重要。

那么，怎么教导孩子看懂他人的表情呢？

人的外貌虽然各不相同，但有些表情却是相同的。比如高兴的时候会嘴角翘起，面颊往上抬起，眼睛尾部出现鱼尾纹；伤心的时候，会眉头收紧，嘴角下垂；害怕的时候，会嘴巴和眼睛大张，眉毛也微微扬起；愤怒的时候，会眉头下沉，眉尾上扬；惊讶的时候，会眼睛张大，眉毛高高抬起，有时候嘴巴也会微微张开；不耐烦的时候，会眉头微皱，眼睛则东张西望，等等。通过这些表情，就能知道怎么去交谈了。

有时候，当交谈对象的表情并不明显，无法从其表情读懂讯息时，可以引导孩子观察交谈者的动作。当将表情

和动作相结合，能够很好地判断出交谈者的真实想法。

当然，家长也可以教导我们的孩子利用表情来表达自己的想法。要知道，表情是一种委婉的表达方式。比如，当孩子与人交谈时，突然想起一件很重要的事情，并且需要离开，如果贸然打断别人是不礼貌的，这个时候就可以表现出焦急、不耐烦的表情，让对方发现自己的心理。这样的表达方式，既能表现出孩子的礼貌，也能够让交谈者不尴尬、不会感到不愉快。

世界上的语言有很多种，但表情这个语言，全世界只有一种，所以它是当之无愧的国际语言。即使两个语言不通的人，通过表情也能沟通起来。因此，家长需要教导孩子聆听表情语言、运用表情语言。

第五章
儿童领导力训练
——既然总要有人当第一，
为什么不可以是"我"

  领导力不是当领导的权利，而是领导同伴达成目标的能力。领导力与竞争意识、挫折教育密切相关，通过训练孩子的领导力，家长可以一劳永逸地解决许多出现在孩子身上的小问题。

01/ 领导力——
一种自幼融入骨血的"社交习惯"

领导力是什么？为什么要培养孩子的领导力？

首先我们需要家长认识的一个关键点是，儿童领导力不是儿童权利，更不是儿童控制欲。有些家长为了培养孩子的所谓领导力，找到了孩子的班主任，希望班主任可以给孩子一个"官"当。这个行为的背后，是家长把领导力与权力画等号的思维模式。

事实上，领导力和权力对于孩子而言是两种截然不同的东西。在班级拥有某种"权力"的孩子，他们不见得就具备了领导力，也未必能够因此锻炼出领导力。因为班级管理其实是一种很初级的管理模式，班干部在班级中的角色，相当于"教师权利"的一个延伸，班集体并不需要他们具备所谓的"领导职能"，更需要他们成为一个办事员、传声筒，如果孩子从小把这些能力错认成了"领导力"，反而会对他们的能力发展起到负面的作用。

真正值得儿童去培养的领导力，指的是一种"关键能力"，著名教育家艾伦·尼尔森给它的定义是——领导力能够将身边人团结起来，去完成靠个人力量无法完成的任务，这才是领导力的真谛。

在明晰了这个定义之后，我们就会发现，所谓的儿童领导力，指的并不是谁的声音大、谁的气势强，谁更有话语权。每一种性格的孩子，都可能以各自不同的方式去影响身边的人，成为很有领导力的人。真正的领导力体现在拥有全局思维，能够团结大多数人，去为一个具体的目标服务，并享受合作关系和协作过程所带来的快乐。

所以，想要正确判断一个孩子是不是具有领导力，不能看他在学校里当了多大的"官"，而是要看他们在社交活动中，是否具备以下几个特质：

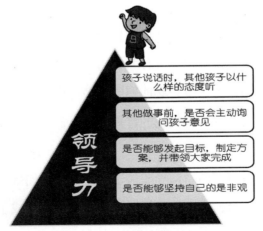

图5-1　儿童领导力的具体体现

第一，孩子说话的时候，其他小朋友以什么样的态度听。

有领导力的孩子，最显著的一个体现是，当他们说话的时候，其他孩子会认真地听他在讲什么。而缺乏领导力的孩子，他在讲话的时候，其他孩子要么是心不在焉，要么是乱哄哄地提出各种反对意见。

第二，有没有其他孩子在做事情之前，主动询问孩子的意见。

小朋友在一起玩的时候，也需要一个领头人。这个领头人不是谁"册封"的，他们的地位是在平常的交往中逐渐确立起来的。在一个社交群体中，一旦这个领头人出现了，那么其他孩子就会对他形成一种"依赖"，遇事不决的时候首先会征求他的意见。例如：孩子们聚在一起，却不知道到哪里玩的时候，就会让其中的某一个孩子拿主意，询问他的意见，那么这个孩子就可以被视作是一个很有领导力的人。

第三，能够发起一个目标，并且拿出方案、带领大家去完成。

孩子们在一起的时候，往往各有各的目标，各有各的想法，但是最终会有一个孩子将所有孩子的意见综合到一

起，并提出行之有效的方案去执行。这个孩子体现出的能力，可以视作为领导力。

第四，能够坚持自己的是非观。

儿童领导力的一个重要体现，是孩子能够坚持自己的是非观。他们不会轻易被错误的言论所引导，不会带领着自己的小伙伴们去做错误的事情。当孩子拥有了这种能力之后，那么就意味着他的"领导力"达到了一个比较高的层次。

以上四种表现，是儿童领导力的具体体现。家长一定很关心：如何才能让孩子具备这样的领导？在回答这个问题之前，我们先来谈一谈"领导力是如何被摧毁的？"

家长们反思一下，以下几个场景，是否在你的家庭里出现过：

夫妻两个人正在热烈的讨论"换一辆什么样的新车"，两个人的意见很不一致，甚至开始争论起来。这时候，孩子突然冒出来说："我觉得我们应该……"孩子的话还没说完，刚才还有分歧的夫妻二人突然变得一致起来，他们两个都对孩子说："这是大人的事情，你不要插嘴！"

一家人走在马路上，赶上了红灯，但是路上一个车都没有。爸爸带着孩子就要走到路对面去，孩子说："爸爸，不能闯红灯！"爸爸说："现在一个车都没有，闯了也没关系。"孩子正要说："可是书上说……"爸爸不由分说，抱起孩子闯红灯来到了路对面。

相似的场景，在很多家庭都发生过，而这样的"经历"，就是摧毁孩子领导力的"负能量"。如果家长无论在什么情况下，都将孩子视作为一个"可支配"的个体，切断了孩子在家庭中"建言献策"的通道，那么孩子的主观能动性就会受到压制。而主观能动性，是领导力的基础。

事实上，家庭是儿童领导力的"第一训练场"，如果孩子从小就能在家庭中感受到"我的意见是被重视的、我提出的方案是值得讨论的、如果我的办法是正确的那么父母都会支持我"，他们就会更加积极地"思考对策""权衡大局"，如果这种思维模式是孩子从小就有的，那么领导力就会融入他们的血液当中。在任何情况下，他们都会表现的敢于决策、善于团结多数人、勇于承担责任。拥有了这样的品质之后，孩子就能够在社交活动中抓住机会、发挥自己的影响力，成为一个小集体中最受信赖的人。当孩子经常能够带领别人实现目标之后，他们的领导力就会

内化成"气质"，变得更加自信、果决和令人信服。

家长不要以为"领导力"或"领导气质"是一种很虚幻的存在，如果你认真去观察孩子们的话，会发现从幼儿园开始，有些孩子就体现出了超出常人的"向心力"，他们是游戏方案的提出者，他们总是能以自己的方式，在儿童社交活动中占据"中心位置"。假如你追踪这些孩子的成长，你会进一步发现，这种"向心力"是可以被不断延续的——越早体现出领导力的孩子，在日后的成长中越容易巩固自己在集体中的地位。

这就是儿童领导力和儿童权利的最大不同，权利只在当下的环境中发挥作用，脱离了这个环境之后，权利就不复存在了。但是领导力作为一种社交能力，他会伴随着孩子的成长而成长，最终成为孩子身上的一个闪光点。

02/ 培养领导力的"新模式"

与领导力最为相关的儿童特质就是"团队意识"。只有当孩子来到了一个团队中的时候，他的领导力才有了意义。

　　孩子加入的第一个团队，叫作"家庭"。但不幸的是，在家庭这个团队中，和孩子组队的是两个成年人，而且是具有监护职责的成年人，所以这个团队对于孩子来讲，虽然足够温暖，但是却并不"公平"——无论家长多开明，孩子在家庭中的大多数时间都处于"被领导"的角色中。所以，他们能够在家庭中养成一定的领导力，但是真正能够验证儿童领导力、发挥儿童领导力的还是儿童社交场合。

　　在美国，家长特别重视儿童领导力的培养，而集体运动，是他们培养儿童领导力的一个重要途径。当孩子参加体育运动的时候，家长会发现明显的性格差异：有的孩子注重个人表现，他们希望可以通过自身出色的发挥赢得比赛；但是有的孩子则不同，很显然，他们很早就明白了一个道理，在集体活动中，只有调动每个人的力量，才可能获得更好的成绩。所以，这些孩子会表现出更多的团队性，他们似乎天生具备"鼓舞团队成员、统一成员目标"的能力。通过不断地参加体育活动，大多数孩子能都逐渐提高自己的团队意识，为提升自身领导力打下基础。

　　另外，在美国的校园中，还存在着一种"小队长（Line Leader）"制度。小队长的职能和我们学校中的

"小组长""班干部"差不多，但不同的是，他们采取的是"轮值制"——每一个孩子都会轮流当一天的小队长。如此一来，所有的孩子就都拥有了一个展示自己领导力的机会，同时他们每一个人在大多数情况下，又都是被领导者。通过领导与被领导，孩子们对于团队的理解会更加深刻。

在德国，他们通过实行"混龄教育"，来实现提升孩子的领导力。在德国的大多数幼儿园里，没有大、中、小班之分，所有年龄段的孩子都集中到一起教学。教师会安排那些年龄稍大的孩子，去充当刚入学孩子的"领路人"，他们有责任去引导小朋友一起玩耍、一起学习，大孩子们甚至会担负起向小朋友们传授知识的责任。

他们既要照顾小弟弟、小妹妹，也要"指挥"他们完成一些任务，并从中展示个人能力。在这个过程中，大孩子们会体验到什么叫责任，以及学习如何"领导他人"。

以上这些教育方式，其核心目的都在于训练孩子们的领导力。当然，各国的教育方式有所差异，也各有优点和不足。其他国家新奇的教育方式，放到我们这里未必可行，但是我们的家长可以借鉴他们的教育理念，从中探索出本土化、家庭化的教育模式。

例如：在家庭管理中，我们可以借鉴美国的"小队长"模式，设立家庭值班制——每周给孩子一个家庭值班的机会，在这一天，孩子可以根据自己对家庭需求的认识，"指挥"家长进行家务劳动、家庭采买以及家庭活动。这一模式，可以让孩子更早地体会到"家庭责任"的内涵，也可以提升他们发现问题、解决问题的能力，进而促进儿童领导力的发展。

再如：我们可以借鉴德国"混龄教育"的模式，给孩子创造更多与低龄孩子们接触的机会。在家族聚会或者朋友聚会中，我们可以让自己的孩子去照顾那些低龄的弟弟妹妹，让他们担负起看护、组织的责任，通过这样的儿童社交手段，来提高孩子的领导力。

不管我们采取什么样的教育模式去培养孩子的领导力，家长都要大致遵循以下三个原则：

图5-2 培养孩子领导力的三原则

首先是团队原则。

正如我们之前所说，领导力建立在团队合作的基础之上，只有让孩子进入到团队中，才能真正唤醒他们的领导力，才能让他们在实践中提高领导力。

其次是责任原则。

没有责任意识，领导力就无从谈起。所以，家长在培养孩子的领导力之前，应该先培养他们的责任意识，让孩子明白：一个人在任何团队中，都是先担负起责任后才有"存在感"，不愿意承担责任，就没有资格"领导他人"。

最后是管理原则。

领导力的高低，首先体现在管理能力的高低。而管理能力只有通过实践才能获得提升，所以，家长在家庭中要赋予孩子一定的"管理职责"。尤其是孩子6岁以后，我们就不要把孩子仅仅视作为一个"被管理者"了，一定要让他们加入家庭管理中，让他们在家庭中拥有一定的话语权，如此一来，孩子出门之后才敢提出意见、指挥实践。如果孩子在家庭中总是处在被管理者的地位中，他们就会逐渐习惯这个角色，进入社交场合之后，他们也会更加倾向于被动领导，而不是主动领导。

家长要格外注意的一点是，我们培养孩子的领导，不是为了让他小小年纪就去争当班干部，更不是为了让他成为"孩子王"，培养儿童领导力的核心诉求是增加孩子自我驱动的能力。一个孩子，当他有了责任意识、团队意识和管理意识之后，他首先要做的事情是什么？不是去领导别人，而是提高自己。因为孩子会自然而然地明白一个道理——我要发挥自己的领导力，首先要比别人更优秀！这不用家长去教，孩子在实践中完全可以领悟到这一层。

领导力归根是个人综合能力的一部分，光有综合能力没有领导力，孩子无法在社交活动中展现自己；而光有领导力却没有综合能力，孩子也不可能将领导力落到实处。所以，当孩子具备了领导倾向之后，他们就会产生提升自己的综合能力的自我驱动。举个最简单的例子：孩子目前是一个篮球队的成员，他们的篮球队很弱，和别人打比赛总是输。这个时候，孩子希望可以更好地组织自己的队员、提升他们的比赛激情，孩子首先需要做什么？很明显，就是先要努力提高自己的篮球水平，如此一来，他在球队中才能做出更大贡献，别人才愿意围绕在他的周围。

在其他的社交活动中也是如此——当孩子有了影响周围人、带动周围人的意愿时，他们首先会积极努力地提

升自己，让自己更强，才可能影响别人。所以，家长培养孩子的领导力，其核心目的是让孩子拥有这种自我驱动的能力，而不要总想着让孩子赶紧发挥自己的领导力，去当个"小领导"风光一下，那不过是领导力的"副产品"罢了，其实无足轻重。

03/ 领导力与挫折教育

当下，我们不得不反复强调挫折教育的重要性。因为我们见过了太多因为孩子承受不了失败、接受不了批评，而导致的恶劣后果。过去的这十几年来，由于很多家庭的物质条件都发生了巨大的飞越，所以那些生长在艰苦年代的家长们，为了不让孩子吃自己曾经吃过的苦头，给孩子创造了一个顺风顺水、没有一点波澜的安逸环境。但是很多家长在孩子逐渐长大之后发现，孩子们的心理承受力竟然如此低下——一句批评的话也不能有，一点小小的委屈也不能受，承受挫折的能力异常低下。

很多家长会说："我已经给孩子构建起了一个美好的未来，他不必因为生计而折腰，甚至不必因为钱而摧眉，我为什么要让孩子去学着接受批评？承受委屈呢？"家长如此的想法，其实是很片面的。因为挫折教育，教的不是让孩子去受委屈、找气受，而是要教会孩子们在面临生活不如意的时候，该如何调整自己的心态。

这世界上没有事事如意的人，更不存在一帆风顺的人生，不管你的物质条件多丰裕、家庭环境多和谐，人总会遇到"求而不得"的时刻，尤其是在社交活动中，每个人都是一个独立的个体，不会人人都会尽量满足孩子的一切需求，让孩子感到满意，所以，孩子将来是一定会遇到社交挫折的，到时候他以什么样的心态、姿态去面对，就取决于你给了他什么样的挫折教育。

而实施挫折教育，最好的方法不是家长给孩子制造挫折，而是通过领导力的实践，让孩子去主动面对挫折。

当孩子试图在社交圈子中展现领导力的时候，他一定会遭遇许多挫折。首先，他会遭遇人的挫折。我们说有领导力的孩子，能够得到大部分玩伴的拥戴，但与此同时，他也会遭到一些玩伴的反对，这是一定会发生的状况，这便是人带来的挫折。通过这类挫折，孩子可以明白一个道理——"并非所有人都会围绕在自己身边，凡事都顺着自己"，这一课是如此生动而真实，孩子很难从家庭教育中

真正领会到其中的感受。

其次，孩子会遭遇"事儿的挫折"。孩子在带领着其他小朋友去实现一个目标的时候，可能会成功，可能会失败。成功的话，孩子自然会受到其他孩子的认可甚至是"仰慕"，但是如果失败，那么孩子就会承担大部分责任。那些经不起挫折的人，往往都是不愿意承担责任的人，如果你的孩子能够从小就明白"凡事都有后果、都需负责"的道理，那么他们在面临挫折的时候，就会更加从容淡定。

我们之所以鼓励孩子在集体中感受挫折、在展现领导力的同时战胜挫折，是因为只有外部社交的经历，才能给孩子带来真切的挫折感。在家庭教育中，我们可以故意给孩子设置一些难题、一些坎坷，让孩子体会挫折，但是孩子知道，家庭是个可以"保底"的地方，家长无论表现得多么"决绝、冷酷"，他们也都不过是"装腔作势"，家长永远不可能将自己推向真正的挫折之中。

而到了集体活动中，尤其是当孩子希望自己可以主导某一个活动的时候，他才能明白"真正的困境"是什么，他们会体会到不被人理解的感受，体会到拒绝合作的抵抗，甚至还能发现很多事情不是说你尽量做、努力做就一定能成功，客观的、偶然的因素有时候会阻碍他达成自己的目标。这些主观的、客观的挫折，会让孩子对生活中的"不如意"有一个初步的认识，他们不再执拗的认为只要自己想要的就一定能得到；只要自己付出了就必须要有等额的回报……当他们窥探到了一些人生的真谛之后，反而会在面临挫折的时候更加从容、淡定，不会以极端方式去向人生的不如意发出抗议。他们更加坚韧了！

华裔心理学家安吉拉·李·杜克沃斯曾经提出过一个重要的论断，他认为决定一个孩子最终是否能够成功过的因素，不是情商或智商，而是坚韧（Grit）。何为坚韧，它是一种成长型的思维：当孩子认识到，错误和失败虽然总会发生，但只要自己能够调整好心态、重新起航，就一定会越过曾经犯下的错误，抵达胜利的彼岸。而家长想要让孩子拥有这样的坚韧精神，就必须要让他们充分融入社交活动，在与他人的接触和合作中，去不断体验成与败，不断领会事物的"不可控性"，唯有如此，孩子才能真正看清"凡事都需要尽人事听天命"的人生真相，并勇敢地面对人生。

04/ 和孩子一起领悟竞争的真谛

很多家长认为，竞争力等同于领导力，竞争力越强的孩子，其领导力就越强。基于这样的认识，家长会不断地向孩子灌输竞争的理念，想方设法地提升孩子的竞争意识。

事实上，如果家长给孩子灌输了错误的竞争理念，非但不能提高他们的领导力，反而可能会影响到他们在集体中的自我定位。在家庭教育中常见的错误竞争理念一般包括以下几种：

（1）"比"的理念

有些家长把竞争意识庸俗化了，他们告诉孩子，只要你比别人强，那么就是成功。这就给孩子带来了争和比的念头。而一旦孩子热衷于和别人争、和别人比，那么他就无法容忍"共同进步"这件事情的存在，因为共同进步意味着"我虽然进步了，但还是不见得比别人强"，因此，他们会拒绝合作，拒绝协助，而一旦产生这样的心态，孩子的领导力就崩塌了，因为领导力恰是建立在合作和协作的基础之上。

在教育活动中，我们经常可以看到一些藏私的孩子，这些孩子学习成绩比较好，但是如果有人向他们请教学习上的问题，一般来讲他们是不愿意主动去帮助对方的。他们的思维逻辑是："我帮助了你，你不就比我强了吗？我不就竞争不过你了吗？"这样的孩子有上进心，一般能力也比较出色，但是他们是不具备"领导力"的。

（2）"胜"的理念

有些孩子会被家长灌输用成绩说话的竞争理念，他们为了追求成绩而追求成绩，不太考虑"我为什么要得高分？我为什么必须赢？"这类的问题。这种心理发展到最后，我们会发现孩子会被某个评价标准牢牢地限制住，他们会为了达到赢的目的而付出很多，但是却从中感受不到任何乐趣，最终成为"苦学者"。一旦成为苦学者，孩子就会以成绩为唯一目的，放弃大部分的人际交往，领导力也就无从谈起了。

（3）"结果唯一"的理念

在竞争意识中，最可怕的就是结果唯一的理念。有极个别家长会给孩子灌输"只要结果、不要过程"的竞争方式，从而导致孩子在竞争的过程中，可能会显得有些"不

择手段"。例如，学校运动会上，1500米赛跑，大部分孩子都在认真地跑自己的路，但是有些孩子会故意干扰那些可能对自己形成竞争的对手，例如故意拉扯对方、阻挡对方。这样的现象，从低年级到高年级都会出现，低年级的孩子可能更多的是在搞恶作剧，而高年级的孩子，大多是为了追求对自己最有利的结果，所以才会"出此下策"。结果唯一的竞争理念、不择手段的竞争方式，都会影响孩子在集体中的形象，削弱他们的领导力。

家长应该认识到，当下的社会是一个高度分工的社会，孩子的个人能力再突出，将来也可能只是某一个分工之下的佼佼者，而那些能够出类拔萃作出非凡成就的人，往往是那些能够将不同分工的人团结起来去完成统一目标的"管理者"，所以，把孩子培养成一个有领导力、有感召力的人，可能比把孩子培养成一个虽然有些特长、但缺乏社交能力的人，更为重要。所以，家长要培养孩子的竞争意识，培养的也应该是在"社交"这个大框架下的竞争意识，我们的目标是让孩子成为"狮子王"，而不是"独狼"。

事实上，我们之前所说的几种不正确的竞争意识，根本就不需要培养，那是孩子天性里就有的东西。从5岁左右开始，儿童的竞争意识开始萌发，但是最初的时候，他们采取的就是独狼式的竞争模式——和周围的小朋友争抢"资源"；在比赛中一定要胜过其他小朋友，如果不能获胜，就耍脾气、哭闹不止；为了竞争，低龄儿童是不讲规则、不讲道理的……而家长们要做的，就是将这些原始的、初级的竞争意识，转化为更适合孩子成长需要的、具有社会性的竞争意识。

为了达成这一目标，家长应该帮助孩子树立下面几个观念：

首先，竞争的本质是超越自己。

与其让孩子与别人竞争，不如让他们把别人当成标杆，不断地实现自我进步。家长要给孩子树立"每天进步一点点"的理念，这将会让他们终身受益。

其次，竞争要讲究方式方法。

家长要告诉孩子，我们在竞争的时候，不要投入到"无序竞争"中，更不能不择手段。而是要在一定的规矩之下，进行竞争。我们可以用体育规则给孩子来普及这一观念，如：打篮球的时候，大家的目标当然都是赢，这没错。但是我们要遵守篮球规则，不能打别人的手，不能抱摔别人，不能伤害别人。以此来让孩子明白，只有遵守规

则的胜利，才是值得尊重的、有价值的。

最后，家长要帮助孩子克服嫉妒心理。

对于比自己强的人，孩子应该有正确的认识，应该想着去接近他、超越他，而不是嫉妒他、打压他。家长在平常的教育中，应该告诉孩子，想成为优秀的人，就应该向更优秀的人学习。他人的优秀并不会成为你追求优秀的阻碍，相反，他人不优秀也不能证明你的优秀。家长要知道，给孩子树立身边的榜样，可能要比书本上、媒体上的那些榜样更能激励他进步。

05/ 领导力，走出自卑迎接自信

我们希望自己的孩子总是充满自信的、阳光的、积极的，因为作为成年人，家长深知自信不仅是一个人幸福的起源，也是他成功的起点。但是在孩子成长的过程中，很容易陷入自卑的困扰之中。

不管大人还是孩子，自卑的原因都是一致的——感觉自己无法满足他人的期待，甚至会觉得自己的存在本身就会让人失望。

自卑的孩子不努力吗？不，他们可能比其他孩子更努力，因为自卑的孩子总是希望能够通过严格要求自己，来换取他人的尊重。但是他们有一个问题，就是一旦有一件事情没做好，不管别人怎么看，他们自己就会陷入自我否定当中。越是自我否定，就越觉得自己可能做不好，越是觉得自己做不好，就越真的做不好。所以，从本质上讲，自卑就是自我否定和失败的恶性循环。

想要解决孩子的自卑问题，最简单的方式就是从培养孩子的领导力下手。

家长可能要说了，我的孩子已经很自卑了，还怎么培养领导力呢？我只希望他能像普通人一样有点自信就可以了。提出这样问题的家长，一定是误会了领导力的内涵。正如我们之前所说，领导力的核心不是领导他人，而是提出方案、组织执行。自卑的孩子不见得没有想法，更不见得是执行力有问题，相反，他们虽然不爱发表意见，但是内心的小世界里可能有非常周全的思虑，而且他们的执行力也普遍比较强，因为每一个自卑的人，都希望通过一次成功的执行，来构建自己的信念。

诚然，贸然地让一个自卑的孩子去尝试对其他人产生影响力，是不太现实的，但如果这个他人是自己的父母

呢？结果可能就大不一样了。

儿童自卑的一个心理根源，是他们对于事情的结果，往往抱着负面的预期，也就是说，他们在做某件事情之前，就想当然地认为这件事情自己无法做成功。为了改变孩子的这一思维模式，家长可以主动和孩子组成一个"团队"，并且让孩子担任这个团队的"指挥者"，去完成某一项任务。在家长的"加持"之下，孩子所掌控的这项任务是可能达成既定目标的。通过这样的领导力训练，我们不仅可以帮助孩子增强自信、提升组织力，还能够有效的改变他们凡事都喜欢"负面预期"的思维模式。毕竟，成功的经验可以让一个人习惯于成功，而习惯成功的孩子，自然更容易走出自卑的阴影。

孩子自卑的第二个原因，是他们低估了外界的支持，他们总是认为自己在孤军奋战。一般来讲，这样的情况多出自那些父母工作比较忙、没有时间陪孩子的家庭中。在意识到这一点之后，父母可以去和孩子主动谈一谈，告诉他："虽然我们不在你身边，但是如果有什么事情让你感到困惑的话，那么我们一定会支持你。"父母作为孩子最坚强的后盾，一定不要"只做不说"或"默默支持"，我们要明确的表达出自己的意愿，让孩子坚信自己作为家庭的一员，能够得到来自家庭的一切帮助。有了来自家庭给予的自信之后，孩子解决问题的能力和信心都会增强，他们就不会在社交过程中回避风险、规避责任，因而能够体现出更强的领导力。而领导力的不断提升，又会进一步增强他们的自信，最终让孩子彻底走出自卑的阴影。

通过观察儿童社交活动我们发现，那些能够获得家庭支持的孩子，会更加主动地在小团队中表现自己的领导力。例如：当一群孩子想要找一个集体学习的场所时，其实大部分父母都是会支持的。但是此时，很多孩子在父母同意之前，不敢轻易许诺，因为他们害怕父母会不支持自己。而那些平时就能得到父母更多支持的孩子，则会"自作主张"地说："去我家吧，我爸爸妈妈一定会同意的。"如此一来，这个孩子自然而然地就成为这次活动的组织者、领导者，他们在小团队中的领导力也因此树立起来了。

所以，如果一个孩子很自卑，平时做事情很小心，那么家长就要给他们更多的支持，更多的自主权，让他们有胆量在朋友面前许下承诺。而且一般来讲，这样的孩子做事情会比较谨慎，如果他们认为这件事情"不妥"，是不会轻易牵头的，所以父母也不必太担心孩子会给自己带来

麻烦。

　　总而言之，面对自卑的孩子，父母需要做好两件事情：第一，让他们在家庭活动中，感受成功的滋味，并且最好是通过"组织和领导"获得成功，能够极大地提升孩子的自信；第二，让他们觉得自己有"靠山"，因此在社交活动中敢于提出方案、承担责任。为了让孩子走出自卑、获得自信，相信家长们也愿意为他们的方案"买单"，而这样的支持，会提升孩子在团队中的威信，体现他们的领导力，进而帮助孩子真正自信起来。

第六章
校园社交是一门
"隐形课程"

　　细细算起来，孩子的童年时期，有很长时间都是在校园内度过的。校园是个大群体，孩子会遇到形形色色的人，一旦处理不好与同学、老师之间的关系，不仅会影响孩子的学习成绩，还会给孩子的心灵造成不可磨灭的伤害。所以，家长需要教授孩子校园社交这门隐形课程，让孩子在校内如鱼得水。

01/ 孩子不想去学校，多半是社交问题

上学是每个孩子必须要经历的一个过程，也是他们在孩童时期最重要的事情之一。但是，在这个求学的过程中，很多孩子都向父母表露出不想去学校的想法。

年龄很小的孩子，他们会直接用简单粗暴的哭闹方式表示不想去学校，所以每年开学季，我们在幼儿园的门口，能够看到不少孩子死死抓着家长的手哭着说"我不要去学校"；年龄大一点的孩子，他们会用隐晦地方式告诉父母自己不想去学校，比如早上的时候赖在床上不起来，会跟家长说老师不喜欢他，等等。更大一点的孩子，他们会用很疯狂的方式表达自己不想去学校的想法，那就是逃学。

家长送孩子去学校，是希望孩子能够学习到知识，能够适应群体生活，但是当孩子萌生了不想去学校的想法后，那么将会厌学，将会成为独行侠。所以，解决孩子不想去学校的问题是非常重要的。

　　我们的孩子为什么不想去学校呢？其实多半是社交问题。

　　校园是一个大环境、大群体，孩子需要面对形形色色的人。但是，对于那些还没有迈入校园生活的孩子来说，他们之前生活在一个小群体当中，交往的绝大多数人都是熟悉的人。当环境骤然改变，需要面对一个陌生的大群体时，会本能地不适应，感到焦虑。

　　焦虑是一种由紧张、担忧、烦恼、恐惧等复杂的情绪交织而成的。不止成年人会感到焦虑，孩子也会有。所以，孩子们会为一下子面对那么多的人而感到紧张、害怕；会担忧自己能不能被同学和老师喜欢；会烦恼和同学出现矛盾时该怎么处理，等等。这些诸多的焦虑汇聚在一起，就变成了不想去学校。

　　此外，当孩子在上学的过程中突然不想去学校时，也可能是社交出了问题。比如当孩子和同学发生矛盾时、当孩子无法处理师生关系时、当孩子遭受了同学的孤立和霸凌，等等，这些都能使孩子抗拒去学校。

　　在电影《心灵捕手》中，男主角是一名高校的清洁工，但是却极有数学天赋，很受教授的欣赏。不过，他在社交上存有很大的问题，比如不喜欢跟陌生人沟通，只喜欢待在自己的圈子里，和别人出现矛盾了，喜欢用拳头解决问题。教授不愿意他走入歧途，便和心理医生一同帮助他，最终摆脱社交的问题。浴火重生之后的男主角有一句话令人印象深刻："有时候难的不是怎么做，而是如何踏出第一步。"

家长在发现孩子是因为社交问题而不想去学校时，需要引导孩子克服恐惧社交的心理，勇敢地走出第一步。对此，可以教授孩子一些校园社交技巧来增强孩子社交的自信心。

很多孩子在初次与人见面的时候，总是不愿意开口打招呼，往往是别人同他打招呼之后他才作出回应，其实，如果你肯主动和人打招呼，那么一定会给别人带来更好更深刻的印象。所以，与人初次见面，一定要主动打招呼，孩子之间可能有孩子打招呼的方式，但是热情是一切社交的基础，如果你对所有人都缺乏基本的热情，那么孩子可能很难找到朋友。

我们都会有这样的体会：当你潜意识中不喜欢某个人的时候，你的一言一行、一举一动甚至身体的姿态都会受到这个潜意识的影响，从而不知不觉地表现出来。在这个过程中，别人也会感受到你的态度，从而自然而然地不喜

欢你。尤其是对于孩子来说，所有的情绪很容易就写在脸上，因此也更容易被周围的人所感知。

所以要让孩子明白，经常保持微笑，主动和对方打招呼，让对方感受到自己的善意和热情，这样才能拥有更多的朋友，在你需要帮助的时候，这些朋友才会帮助你。作为家长，不妨通过一些身边或者书中的例子来让孩子明白善意和热情带来的回报。进而引导孩子树立正确的社交观念，用自己的热情为自己赢得更好的社交环境。

不要说孩子，就算是成年人，到了一个新的环境，也会遭遇类似的社交压力，如果不能够学会自我调节，就会产生这样那样的社交问题。所以家长必须要让孩子明白：热情待人，不但可以让自己在一个陌生的新环境中打开社交局面，还能在关键时候收获别人的信任，这是许多人可望而不可得的。

作为家长，要有意识地去学习和培养孩子的社交能力，比如首先家长要学会分辨孩子的情绪，孩子情绪低落了，是悲伤难过，或者是委屈？开心了，是渴望分享，还是洋洋自得？这种分辨情绪的能力不光家长要具备，孩子也要学会。分辨清楚了，才能够选择合适的方式表达出来，做到"情绪自知"。

　　接下来表达的过程，就需要孩子具备一定的表达能力，通过语言或者肢体把自己的情绪表达出来，从而通过交流传递给身边的人。

　　接下来，孩子还要学会去感受和理解他人。我们经常会遇到这样的现象：家里有两个孩子，你就会发现可能一个孩子一看父母脸色不对就开始变乖，另外一个则不具备这样的能力。这其实与聪明与否并无关系，而是他们感知他人情绪的能力有差异，在孩子的社交活动中，这也是一个相当重要的能力。

　　还有的孩子，会根据环境变化来调整自己的社交表达，比如有一些孩子知道爷爷奶奶比较宠爱自己，所以跟爷爷奶奶在家时，他就会表现得积极大胆一些。有调查显示三代同堂家庭的孩子社交能力更好一些，这其实也说明了孩子在这样的环境下，更容易发展自己适应社交环境的应变能力。

　　孩子身上的许多问题其实从本质上而言就是社交问题，这跟孩子的性格和成长环境有很大关系。作为家长，一定要多给予孩子信心，多关心孩子情绪问题。懂得控制情绪的孩子，一般都能更好的掌控社交局面，并且具备更优秀的社交性格。

02/ 引导孩子正确看待新同桌

每个孩子都需要度过漫长的校园生活，而每一年老师都会对班级的座位进行调动。所以，在孩子的求学生涯中，不可避免会面临很多个新同桌。当孩子面对新同桌时，有些会表现得十分开心，有些则闷闷不乐。

那么，孩子在面临新同桌的时候，为什么会闷闷不乐呢？

首先是环境上的转变。有些孩子在面对一个新环境时，需要花费很长的时间去熟悉和适应。每一次班级的座位调动，对孩子来说，都是一次环境上的转变。孩子会面临新的同桌，新的前后桌时，这些同学虽然都认识，但却没有和以前的同桌那样的熟悉。因此，孩子会显得情绪低落。

其次是孩子会担心和新同桌相处不好。新的同桌虽然也是同班同学，但是因为没有密切的相处过，所以对新同桌的性格、行为习惯等一点也不清楚。因此，孩子会产生焦虑感，担心和新同桌相处不好，害怕与新同桌之间产生矛盾。

再次是孩子想念前同桌。人与人之间相处久了，就会产生感情，孩子与自己的老同桌相处久了，在分离的时候，就会不舍。所以在面对新同桌的时候，会兴致不高。

最后是孩子的同桌是异性同学。在生活中，我们会发现，一些孩子不愿意与异性同学交往，比如一些小男孩就不爱和小女孩玩。这是因为，男孩与女孩喜爱的东西有明显的差别，因为喜爱不同，聊的话题、玩的游戏也将不同。当孩子觉得无话可聊，又玩不到一块去，就会表现得闷闷不乐了。

虽然，孩子与新同桌相处时情绪低落的原因有很多种。但这些原因可以融合为一个，那就是孩子还不懂得与新同桌进行社交。

我们的孩子无法处理与新同桌的关系时，会给孩子带来很多不好的影响，首当其冲的就是孩子的学习。

在上课的时候，孩子只有聚精会神，才能听懂老师讲的知识。回到家后，心无旁骛地写作业、复习，才能消化一天学到的知识。但是孩子情绪上的低落，使得他们既无法好好听课，也不能专心完成老师布置的作业。久而久之，就会影响到孩子的学习成绩。在现实生活中，很多孩

子在换了新同桌后，都会经历成绩下滑。如果家长不引导孩子尽快熟悉新环境，适应新同桌，成绩将永远地跌落在谷底。

也会影响到与新同桌的交往。在人际交往中，你对我表达了好感，我才会用好感去回应你。孩子虽然小，但是他们也能准确地感知他人是喜欢自己，还是不喜欢自己。当孩子面对新同桌时情绪低落，不愿意说话，脸上也没有笑容时，那么新同桌就会迅速地察觉到自己不被喜欢。出于对自己的保护，新同桌会本能地为自己的心房砌起一道高墙，而这将不利于与新同桌建立良好的友谊。

更为重要的是，还会影响到孩子的日常生活。因为，消极的情绪会渗透到生活的方方面面，比如孩子会因为一件小事而和家人发脾气，会影响自己的计划与安排的进度，等等。

因此，在孩子有了新同桌后，引导孩子正确看待新同桌显得十分重要。对此，家长可以怎么做呢？

家长需要引导孩子转变对新同桌的看法。在不懂得与新同桌相处的孩子眼里，新同桌仅仅是普通同学的关系。当抱着这种距离感和新同桌相处，彼此相处的最好结果是井水不犯河水，而这是不利于孩子身心健康发展的。倘若家长引导孩子，将新同桌看作是自己未来的好朋友后，孩子就会很积极地去交往。新同桌感受到自己被认真对待后，也会真诚地去回应，不知不觉一段友谊就诞生了。

此外，家长也可以教孩子一些与新同学相处的技巧，比如用微笑来表达自己的善意。微笑虽然是一个表情，但却能反映出一个人的态度。当新同桌感受到善意时，他会本能地放松自己，真心去交往。

也可以教孩子用热情捂热新同学的心。在新同桌眼里，我们的孩子也是新同学，当他们缺乏主动时，我们的孩子就要先主动，对新同桌使用热情攻略。比如可以送新同桌一个小礼物、与新同桌分享糖果，等等。当新同桌感受到温暖后，也将主动起来。

苏联著名教育学家苏霍姆林斯基曾经说过："每个人都渴望寻找朋友，因为这是人的一种精神需求，人们渴望找到与自己思想、感情、要求和观点一致的朋友。"因此，父母还可以教授孩子，在与新同桌相处时，可以听一听对方的想法和兴趣爱好，从中找到自己喜欢的点。根据这个点去交流，能很快和新同桌打成一片。

孩子在上学期间，会遇到形形色色的新同桌，所以我们的孩子必须要掌握与新同桌的相处之法。

03/ 小学生社交的五个基本特点

很多孩子，在小的时候一直是个乖巧听话孩子。从幼儿园进入小学后，也一直都是老师表扬的对象，家长也因此自豪不已。不过，随着孩子进入小学高年级阶段后，家长会发现，孩子真的是长大了，开始有了自己的思想。他们不再愿意跟父母沟通自己的想法，也不像小时候那样对父母的话百依百顺了，常常会提出自己的想法和意见，偶尔还会因为与父母意见不合而争吵。

在家长看来，孩子每天的学习任务都挺重，每天回到家要背书做题，还要兼顾报的兴趣班，其实，不光是孩子累，家长也都累得够呛。所以，很多时候家长都是把辅导孩子学习、做作业当成是任务，任务一完成，家长松了一口气，然后孩子就进入了"放养"模式，往往忽视了孩子成长的另一个方面——社交。

对于小学阶段的孩子来说，年龄上大都是7到12岁左右，这个年龄阶段对于一个人的成长而言，是相当重要的，就像一张白纸，很多东西诸如学习习惯生活习惯、人生观世界观、社交方式等，都是从零开始的。就像建设一座大厦，小学阶段是大厦的基础，任何一个方面的缺失，都会导致人生大厦的不稳定，成为孩子未来人生路上的隐患。因此作为家长，在孩子小学阶段，不仅仅要重视孩子的学习，还要重视孩子的心理发展，以及社交能力的成长。

小学阶段的孩子，开始从幼儿阶段自由自在玩游戏过渡到更复杂的人际交往，他们的人生开始进入社会性发展的阶段。这个阶段，孩子们将进行基本的社交行为，并从中获取社交知识和能力，建立起基本的社交观念，并适应社交规则。

相对于学前儿童，小学生的社交不再局限于家庭范围内的人际交往，而是有了很大的不同，他们开始接触到比较稳定的社交形式——师生交往和同伴交往。比如，孩子可能会认识新的老师，并担任小组长班干部之类的职务，需要和各科的老师进行日常沟通。而在课堂和课外，孩子也会参加各种各样的社团以及兴趣小组，比如同学们可能会谈论游戏中的各种角色，以及商议决定谁扮演什么角色，等等。这其实都是社交的基本行为模式，也是孩子社会性发展的基础。

小学年龄段孩子的社交行为通常具有以下几个特点：

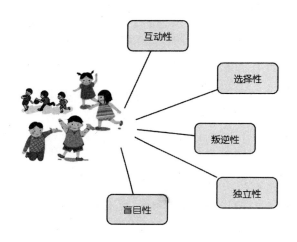

图6-1 小学年龄段孩子的社交行为特点

第一，互动性。

小学阶段，孩子们会在学校或者课余通过玩游戏和组建小组进行协作，在这个过程中，无论男孩女孩，都会体验到"团队协作"的社交行为所带来的快乐。比如，一群孩子可能会模拟经营一个城市，他们会找来各种各样的道具，进行建设甚至是交易，有人开商店，有人负责清扫为生，甚至还有人扮演警察和盗贼，等等。孩子们通过这样的互动体验成年人的社交，其实也在互动中得到了学习的机会。

第二，选择性。

小学阶段孩子们的心智逐渐得到发展，性格和人格也开始形成，不同的好恶、不同的性格爱好决定了他们在社交行为中也会具有选择性。小学阶段的孩子们就已经能够听取和分析他人的观点，能够思考选择行为的背后意图，因此这个阶段孩子们的朋友圈会出现"拉帮结派"的现象，比如跟谁玩，不跟谁玩等。即便是孩子身上出现了这样的情况，家长也不必担心，因为这并非是孩子蛮横不讲理，而是他们在社交行为中进行的体验和尝试，即便是有不恰当的地方，也会在之后的社交学习过程中自我修正。

第三，叛逆性。

小学阶段，从儿童心理按钮的角度来说，这一人生阶段他们的自我意识逐渐建立起来，变得聪明而有见识，遇到问题开始有自己独到的见解，甚至会渴望脱离父母和兄弟姐妹，获得更多的独立。这一过程往往会被家长们视为"叛逆"，但我们必须明白，这样的所谓"叛逆"与孩子青春期的叛逆是两个概念，小学阶段的"叛逆"，实际上只是孩子自我意识结合思维能力、语言能力发展的共同体现而已。

第四，独立性。

孩子们产生独立意识往往比家长们想象的要更早，"你还小，懂什么"这样的想法是所有家长在孩子小学阶段都要避免的想法。孩子虽然小，但并不意味着他们什么都不懂。相反，小学阶段社交行为带来的成长，使得很多孩子在独立意识上有着超前的发展。

所以，这个阶段的家长一定要意识到孩子在社交方面所体现出来的独立性，作为家长一定不能过分干预孩子，因为家长的职责并非管控孩子，而是引导孩子去管控自己。比如让孩子自己决定一些家庭事务，或者让孩子与学校的朋友们一起在节假日外出活动、用餐，等等。家长要认识到，孩子已经身处一个"小型社会"之中，他们要独立自主地进行一些社交活动，家长在确保孩子安全的情况下，可以给孩子更多的社交权限，让孩子去体验和尝试一些社交活动，这有助于他们的成长。

第五，盲目性。

小学阶段，孩子在学校的朋友选择上有着充分的自主权，孩子们也开始理解并关注一些内在的品质，比如忠诚、勇敢、善良等方面。但是，由于小学生的心智尚未成熟，在交往方面具有一定的盲目性，例如受到影视作品或者身边人的影响,把友谊理解成"讲义气",把勇敢理解成"为哥们儿两肋插刀"。这种盲目性会给孩子和学校带来很多不良的影响,甚至造成校园霸凌等事件,这需要引起家长的高度重视,在做到"以身作则"的同时,还要通过日常的家庭教育,去改变孩子不正确的社交观点。

总之,孩子在各个发展阶段对自己社交活动的感受都是不同的,这会影响他对自己的社交定位,并影响到孩子性格的形成。小学阶段,孩子的社交能力不断成长,社交观念也在逐渐形成。家长在这个阶段,一定要正确认识孩子的社交行为,以适应孩子的各种成长状况,同时也要有针对性地选择和采取应对策略,让孩子平稳度过小学阶段的社交成长期。

04/ 言传身教——
帮孩子正确处理师生关系

孩子想要有一个美好的校园生活,除了要懂得处理与同学之间的关系外,还需要懂得处理与老师之间的关系。

可能有很多家长会疑惑,孩子和老师之间的关系有

什么好处理的？事实上，孩子与老师之间发生的问题非常多，而它带给孩子的烦恼，也远比与同学相处不好而产生的烦恼多得多。

举一个我们很常见的例子：老师会因为孩子在做试卷时，步骤写得太过简单而扣除孩子的分数。家长可以理解，但孩子无法理解。因为他们并不关注步骤，只关注自己的答案正确与否。所以，他会对老师的做法非常不满。

当孩子对老师有了不好的印象后，就会对老师说的每一句话、做的每一个动作感到厌烦，最后发展到讨厌老师教的这门学科。在现实生活中，很多家长都会碰到类似的情况。

小学的老师与幼儿园老师相比，必然在学习要求上会更为严格。他们既要引导学生学习，掌握各种科学知识与社会技能，又要监督和评价学生的作业、品行，因此小学的老师往往跟学生有着更加密切的联系，他们对于孩子的关心往往更加具体和细致，也更容易引发孩子的抵触情绪。

其实，孩子在小学阶段与老师的相处，也可以定义为一种社交行为。我们不妨回顾一下孩子的成长历程：一年级刚入学的时候，几乎所有的孩子都为到了新的环境而激动不已，他们不仅喜欢新的班级、新的同学、新的校园，还会喜欢上新的老师，对老师充满了崇拜和敬畏，很多顽皮的孩子原本在家里不怎么听父母的话，可上小学之后，对于老师交代的话却十分重视，可以说是无条件服从。

但是，随着年龄增长，孩子开始有了自己的想法和见解，变得不再无条件地服从、信任老师了。在以班级为单位的"小型社会"里，孩子们开始对老师做出评价，并且根据自己的喜好对老师开始有了截然不同的态度。

曾经有这样一则新闻在网络上引发了轩然大波，说是有人拦路辱骂殴打20年前的小学班主任，原因就是他认为当年班主任总是针对他，这份不满和怨恨堆积了整整20年还没有消散，并最终酿成了过激行为，受到了法律制裁，付出了惨痛的代价。

针对这样活生生的例子，希望所有的家长都要反思一下：这个人从20年前怨恨班主任开始，到20年后殴打报复班主任，是什么原因导致的？难道他的家长自始至终都没有一点责任吗？答案是否定的。

作为小学阶段的孩子，因为心智还没有完全发育成熟，很多时候他们对于事物的看法并不准确，甚至是错误

的。这时候作为家长就要起到家长的作用，及时纠正孩子不正确的看法，以免孩子在内心扭曲了与老师之间的关系，未来引发更大的社交问题。

新闻里那个殴打20年前班主任的人，后来在狱中写了一封忏悔信。他对自己打老师的行为非常后悔，认为自己的行为深深地伤害了老师，伤害了母校，甚至伤害了教师这个神圣的职业。他说："我是一个单亲家庭长大的孩子，我存在性格脆弱、敏感的弱点。当年自己对老师的严格要求有着错误的认识，这样的认识也没有得到家长及时地纠正，如今我自己的孩子还小，我今后一定要彻底改正错误，不能给孩子做错误的示范。"

确实，孩子对于老师的认识，以及与老师的相处，很大程度上都体现着父母对孩子的教育和要求。现实生活中，有很多孩子因为父母关爱及家庭教育的缺失，让他们极度自私冷漠，不懂得感恩老师，不懂得感恩父母，这样的孩子成长起来，将来一定也不会懂得感恩社会。对于孩子而言，这是相当严重的社交缺陷，作为家长一定要引起足够的重视和警惕。

家长该如何帮助孩子正确处理师生关系呢？

首先要对孩子言传身教。

家长想让孩子尊重老师，就要在孩子面前表现得自己很尊重老师。因为毕竟是"身教"重于"言传"，家长对老师的态度很大程度上会影响孩子对老师的态度，这一点是必须要重视的。另外，家长要把尊师重教当成是家庭教育的一部分，要主动提醒孩子规范自己在老师面前的行为，学会尊重师长。

比如在校园里遇到老师，无论是否是教自己的，都要有礼貌地与对方打招呼问好。面对老师说话要看场合。如果有事到办公室找老师，应对所有在场的老师问好，谈完话离开时关门要轻，不能影响其他老师的工作；课间跟同学们聊天时，见到老师过来，应主动向老师打招呼；课堂上如果对老师讲的问题有不同见解，要举手把问题提出来跟老师探讨，或在课后单独与老师讨论，等等。

其次，在孩子和老师发生了矛盾的时候，家长要发挥自己调节器的作用。因为很多时候，孩子并不敢当老师的面表达自己对他的不满和不喜欢，而是会在背地里发牢骚。就像我们开头举的例子，孩子做出了题目的答案，但却被老师扣了分。在学生不问老师的情况下，老师也很少会主动去说。这个时候，在家长发现孩子对老师有不满的情绪时，就要及时调解孩子的情绪，并化解他与老师之间

的矛盾。

总而言之，师生关系是小学孩子社交关系中的重要成分，对于孩子的成长来说，意义重大而深远。作为家长一定要重视孩子与老师之间的问题，通过正确的家庭教育，树立孩子"感恩""知恩"的观念，从而正确认识与老师之间的关系。

05/ 帮助孩子应对"孤立危机"

孩子因为年龄小，与人交往的方式表现得都很直白，我喜欢你，我就跟你玩，我不喜欢你，我就再也不跟你玩，并且会带着自己的小圈子离得远远的，这就导致我们的孩子可能会遭遇孤立危机。

在生活中，孩子们孤立其他小朋友的理由千奇百怪，可以因为你成绩太好或者不好而排挤，也可能因为没有看同一部动画片而没有共同话题而排挤，甚至会因为一句很平常的话而绝交。

作为家长，我们需要明白，当孩子被孤立时，会对其身心健康发展十分不利。所以，在日常生活中，需要仔细观察孩子的言行,看一看我们的孩子是否被孤立。当孩子被孤立时,就要帮助孩子去应对这场孤立危机。

那么,我们怎样才能发现自己的孩子被孤立呢?通过下面的例子,你就知道该怎么做了。

有一位妈妈,她的孩子和小区的其他孩子是从小玩到大的好朋友,比较有缘分的是,孩子们分到了一个班级里。在孩子们快放暑假的时候,这位妈妈忽然发现,她的孩子最近几天放学都是独自回家的,并没有像往常一样跟几个孩子一起走。

这位妈妈觉得奇怪,就问孩子是怎么回事。孩子轻描淡写地说学校老师有事留了别人或者其他人家长接走了什么的,似乎并不愿意多说。

问了两次之后,这位妈妈留了个心眼,一次放学之后,悄悄等在校门口附近。结果发现,其他几个孩子放学就一起出来了,而自己的孩子却慢慢腾腾走在后边,一路上有几次走得快了几乎赶上其他孩子,但那几个孩子并没有理会。后来,她的孩子也刻意放慢脚步拉开了距离,最后还是独自回家。

很显然,几个小伙伴之间出现了问题,可是孩子怎么也不肯说为什么,这让这位妈妈很是苦恼,毕竟孩子被孤

立后心情并不好，这从她每天放学回家的表情上都能看出来。时间久了，如果影响到孩子的自信，就更不好了。

这位妈妈是一位细心的妈妈，她通过观察孩子身边的动态和情绪，发现了自己的孩子被孤立。

生活中，相信不少家长都遇到过这样的问题，孩子在学校被孤立，轻则没人愿意与孩子玩，重则被针对。

那么，遇到这样的情况，应该如何帮助孩子摆脱危机呢？

首先家长要明白，罗马不是一天建成的，孩子被孤立，也不会是一时半会儿导致的。作为家长，不妨先调查一下，从常接触孩子的人问起，比如同学、好朋友、好朋友的家长等，听听其他人是怎么说这件事的。

例子中的这位妈妈是怎么帮助孩子应对这场孤立危机的呢？她通过跟其他几位家长的沟通，几位家长也私下试探了孩子的口风，并且把情况反馈给了这位妈妈。原来，她的孩子的小伙伴中，其中一位发育相对早一些，家长便给孩子穿上了小背心。她的孩子有一次无意中发现了，很感兴趣，就总是想探究一下为什么多穿了一件衣裳。可是这个小伙伴并不想让其他人注意到这件事情，说了她的孩子好几次，可她的孩子并没有在意。后来，其他几个小伙伴也看不下去了，于是像是商量好了似的不跟她的孩子玩了。

知道了原因之后，这位妈妈啼笑皆非，但也意识到了问题的严重性。虽然这只是件小事，但其中反映出的问题却并不小，孩子明知道对方很在意一件事，却偏偏三番几次地触碰了对方的"底线"，这从另一个角度来说，其实也是情商的缺失。

后来这位妈妈选了个时间，认真告诉孩子错在了哪儿，并给孩子讲了尊重别人的重要性，毕竟这件事关系到孩子未来的成长和社交，不能大意。当孩子终于明白了小伙伴们孤立自己的原因后，她也开始有意识地去弥补和道歉，最后几个孩子的关系缓和了一些之后，这位妈妈又主动邀请其他几个孩子的家长带着孩子来家里做客，一起吃饭做游戏，算是彻底消弭了这一场"孤立危机"。

作为家长，如果发觉孩子遭遇了"孤立危机"，一定不要疏忽大意，更不要坐视不理，想着孩子的问题让孩子自己去解决，毕竟孩子还小，在是非观念社交意识等很多方面都是不成熟的，有时候这样的孤立也会间接反映出孩子本身有可能存在的问题，比如孩子是否偷拿人家的东西？是否爱在课堂上嘲笑别人？是否老是跟同学们唱反

调？是否行为粗鲁，做事漫不经心？等等。

如果确实有孩子自身存在的问题，不妨从孩子身上入手，帮助他们改掉缺点。比如同学不喜欢和孩子同一组，因为他总是作业完不成，他们害怕被扣分。这时家长就要督促孩子按时完成作业，不要养成拖拉的习惯；比如小伙伴说孩子经常爱指挥别人，自己却什么事都不做，这时候家长就要告诉孩子学会尊重他人的意见。

总而言之，是要让孩子明白，要想让自己被孤立的状况有所改变，就要想一想该做出哪些改变，该用什么方法，才能重拾同学的信任，才能让同学接纳和喜欢自己。这样才能让孩子自我反思克制，改掉坏毛病。对孩子来讲，勇敢接受别人的评价，把别人的不认可当成努力调整的目标，也是一种自我锻炼。

当然，有些时候孩子所遭遇的孤立危机，并非是孩子自身有问题所致，如果遭遇了恶意的孤立，作为家长一定要坚定站在孩子一边，成为孩子的坚强后盾。比如，有时候孩子在学校会被冤枉，或者被误解，这个时候家长一定要尽快介入，请老师协助调查，找出问题的所在，澄清事实，早日还孩子一个清白。

当然，很多时候孩子被孤立，还有另一种可能，就是孩子本身并没有错，只是选择了坚持自己的个性，这个时候，家长更要坚定站在孩子一边，支持孩子的选择。比如可以告诉孩子：就算被拒绝，被孤立，也要很优雅、很坚强，不要轻易否定自己认为正确的东西。

此外，家长还可以选择带孩子加入新的圈子，打开新的社交局面，比如，担任公益团体的志愿者，参加兴趣班夏令营等，从一个彼此陌生、气氛友善的小团体再次开始。在这个过程中，家长要注意孩子在人际关系上的新进展，夸奖他，让他把学来的相处方法带回旧朋友圈，试试看有没有好的改变。

所以，当发现孩子被孤立时，不要慌，要认真分析原因，有针对性地采取措施，找出每个孩子身上不同的特质，把孤立危机转化为提升社交能力的转机，帮孩子找到适合自己的社交特质，从而提升孩子的眼光和格局，从小建立宽大的心胸，这样的孩子自然会在社交中展现迷人的自信，远离孤立危机。

06/ "小打小闹"还是"校园霸凌"，家长一定要分清

校园霸凌一直是人们高度关注的话题，而有关校园霸凌的电影也不在少数，比如《少年的你》。在这部电影中，有个女孩遭受到了校园霸凌后，因为不知道怎么摆脱校园霸凌，也因为没有人对她伸出援助之手，将她拉出泥潭，她的精神崩溃之后，选择了结束自己的生命。然而，校园霸凌并没有因为女孩的死去而停止，而是转移到了女主角的身上。幸运的是，女主角找到了自己的保护伞。

可能很多家长会觉得，电影有夸大的成分，实则不然，在现实生活中，我们的孩子身边确实有校园霸凌的现象，甚至结局也远比电影要惨烈。

家长需要知道，校园霸凌不止会给孩子的身体带来伤害，它给孩子心灵上的伤害更严重，有些孩子花上一辈子的时间，也无法将萦绕在心头的阴影挥散。

有许多家长因为工作忙等原因，忽视了孩子在学校的状态和遭遇，或者是觉得孩子就是打打闹闹的年龄，有时候下手没轻没重，也很正常。这样的想法是很危险的。而且，校园霸凌有着各种各样的方式，并非仅仅动手打骂才算是校园霸凌。

曾经，有个男生在网络上分享了自己童年时的一段经历：初中时，他一开始是个顽皮的孩子，学习成绩很差，经常被老师批评。到了初三之后，原本顽皮的他开始意识到考高中的重要性，他开始不再贪玩鬼混，认真学习。

在第一次月考中，他竟然考进了班级前十名，这个成绩让所有人都惊呆了。因为跟之前的成绩相差太多，班主任老师首先是表现出了不信任的态度，在班级里当众询问他是不是抄袭了。虽然他否认了，但这件事还是给他带来了很大影响。

从那之后，许多同学在课余时间，都起哄说他的成绩是抄袭抄出来的，给他起难听的外号，甚至都传到了别的班级。他的心里很难受，虽然并没有因此跟同学发生冲突，可从老师和同学都表现出来的不信任，让他承受了很大的心理压力。

而他的父母对此一无所知，他们只是觉得，孩子到了初三之后，收心了，不贪玩了，平时一有时间就钻进屋里

看书学习，他们还觉得很欣慰。这样的误解和歧视在他身上一直持续了整个初三，即使后边的考试他一直都考得很好，但身边一直有指指点点的声音，甚至有顽皮的孩子向他请教抄袭的"绝招"。一直到他考上重点高中之后，才渐渐摆脱了这个困境。

这段经历给他心灵带来的创伤是长久的，也正是因为这个原因，多年之后的他选择在网络上写下了自己的经历，只是为了告诉大家，校园霸凌有着各种各样的面具，并非只有打骂。

那么，作为家长，在孩子成长的重要阶段，也是心灵最脆弱的阶段，如何去保护孩子免受校园霸凌的伤害呢？

首先家长要懂得什么是校园霸凌，它是指发生在校园内的带有敌意的手段，通过攻击、威胁、强制等方法令他人感到恐惧，从而达到自己想要控制别人的目的。

校园霸凌往往是一种长期的行为，具体又分为言语上的霸凌和行为上的霸凌。比如用羞辱性的语言，起侮辱性的外号，或说话阴阳怪气带有攻击性，散播谣言强迫他人做不想做的事情，等等。行为上的霸凌包括拉帮结伙排挤他人，勒索他人财物，暴力攻击等等，这也是校园内最常见的欺凌形式，却常被误认为是"小孩子打闹"而被家长和老师忽略。

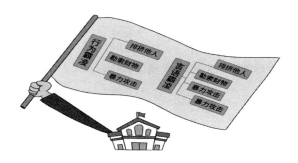

图6-2 校园霸凌

如何判断自己的孩子是否遭到了校园欺凌呢?

首先家长要学会从孩子的角度了解孩子的心理状态,而不是用成年人的社交规则去判断孩子的遭遇。比如两个孩子因为玩耍时玩具的分配产生了矛盾,打闹起来,但是在家长或者小伙伴调解之后,两个人又一起愉快地玩耍了,这就属于孩子之间普通的小打小闹。

家长们一定要注意的是,校园霸凌并不只是发生在男孩子身上,男生、女生、男女生之间,都有可能发生霸凌行为。如果家长发现孩子身上偶尔或经常出现小伤;衣服、书包、课本等有损坏痕迹;成绩突然下降,情绪恍惚;很少提起同学,对学校的话题有所忌讳;不愿意参

加集体活动；食欲不振，变得不爱说话，等等。这个时候家长一定要警惕起来，因为你的孩子很可能正在遭遇校园霸凌。

如果我们发现孩子遭遇了校园霸凌，一定要主动去干预，首先要学会正确的跟孩子进行沟通，比如委婉地询问孩子："爸爸看你最近有心事，是不是有话想和爸爸妈妈说？"而不是开门见山地询问孩子："你是不是被欺负了？"因为孩子的心理年龄决定了他们相对是脆弱的，如果直接询问，他们可能并不敢说出来。

其次要给孩子减压，一定不要让孩子觉得自己遭遇了校园霸凌是自身的原因。比如千万不要问孩子："他们为什么欺负你不欺负别人？"而是要对孩子说："被欺负不能怪你，不要自责，我们一起想想办法好吗？"

同时还要学会用委婉的说法来搞清楚孩子身上究竟发生了什么，比如不能直接问孩子都受了哪些欺负，而是对孩子说："是爸爸妈妈对你的关心不够，才让你受了这么多委屈，你能跟我们说说，从什么时候开始的吗？"

如果孩子出于心理压力，不愿意说出来自己都遭遇了什么，那么家长可以换一种方式，比如先给孩子讲自己的故事，或者别人的故事，目的是让孩子知道：家长一定是站在自己一边的。

弄清楚一切之后，家长的态度就很重要了，那就是绝不姑息。要告诉孩子："你很勇敢，讲出了一切，接下来我们一起来解决这件事，爸爸妈妈永远是你最坚强的后盾。"这个时候家长一定不能埋怨孩子为什么不早说，而是要鼓励孩子一起解决问题。

遭遇校园霸凌的孩子是受害者，家长在与孩子沟通的时候，一定要关注孩子的情绪和周围的环境，搞清楚孩子遭遇了什么样的霸凌，是暴力还是冤枉误解？等等。更不能一味地责怪，而是要通过联系老师以及其他学生的家长，正面处理问题，甚至可以通过法律途径来维护孩子的安全和权益，从而给孩子足够的安全感。

第七章
开启游戏时间，
进入"社交演习"阵地

任何事物都存在两面性，游戏也是如此。只要运用得好，也能够帮助孩子提高社交能力。游戏可以构建出一个个虚拟的场景，引领孩子进入"社交演习"的阵地。在这个阵地中，孩子能够学到很多社交技巧。当回归现实之后，能够自然而然地运用起来，成为社交小达人。

01/ 游戏是孩子们天然的"社交触发器"

生活中，有些孩子是人群的焦点，身边的小伙伴数不胜数，而有些孩子却是人群中的边缘人物，是形单影只的孤独侠。

孩子之间为什么会有这样的差异？原因在于孩子的社交能力的强弱。孩子的社交能力受到了先天因素和后天因素的影响。

先天因素从孩子出生起就已经存在，因为每个孩子出生起，身上就带有一串气质密码，而气质很大程度决定了人的性格，性格又能决定孩子的社交能力；后天因素与孩子所处的环境、所接触的人相关。因为孩子在什么样的环境中，就会形成什么样的性格、习惯，譬如孩子生活的环境很封闭，长久以往，孩子也将自闭，又譬如父母不善于交际，孩子也将不擅长交际。

然而，这是个人与人组成的社会，想要在社会上很好的生存，就少不了与人交往，因为不管是人身体上的需

求，还是精神上的需求，都需要社交去达成目的。好在，社交作为一种能力，后天通过训练，能够得到提升。

如何去提升孩子的社交能力呢？游戏是孩子们天然的"社交触发器"。

什么是"社交触发器"？它是指当孩子处在某一游戏中时，游戏中的场景能够激活孩子的社交执行力。孩子在执行的过程中，会将社交的技巧记录在脑海中。当孩子在现实生活中遇到相似或相同的场景时，会自动采用游戏中掌握的社交技巧与人交往。

我们举一个例子：家长与孩子玩角色扮演类游戏——去做客。孩子扮演客人，家长扮演主人家。游戏的过程中，家长扮演的主人家会向孩子展示怎么与客人打招呼、怎么招待客人、怎么送客，等等。孩子会不自觉地将这些社交的技巧记忆下来，等到角色置换时，孩子会用学到的技巧去照顾扮演客人的家长。回归现实之后，当孩子碰到相似或一样的场景时，会自然而然使用游戏里学到的社交技巧。

游戏为什么能激发孩子的社交力呢？原因有很多，比如能够令孩子产生代入感。每个孩子都喜欢玩游戏，游戏会使孩子的情感异常充沛。当孩子在游戏中产生的情感越浓郁，其代入感就越强，而这股代入感会激发出孩子的社交能力。此外，当孩子玩的是社交类游戏时，还会使孩子情不自禁地记住社交场景和社交技巧。

又比如游戏能够给孩子提供一个良好的社交环境。之前我们说过，孩子的社交能力也与所处环境、所接触的人有关。所以，当孩子在一个有着浓郁社交氛围的环境中时，他的社交能力会逐渐得到提升。

因此，当我们的孩子不擅长社交或害怕社交时，家长可以用游戏来帮助孩子提升社交能力。那么，具体该怎么实行呢？有两点需要注意：

首先，孩子玩的游戏要符合其年龄段。

孩子处在什么样的年龄，就应该要玩该年龄段的游戏。因为有研究表明，孩子在玩符合其年龄段的游戏时，情绪会更为愉悦，也更加投入。这个道理其实和我们成年人在做自己喜欢的事情时会心情好、效率高，是一样的道理。

瑞士著名的儿童心理学家让·皮亚杰根据儿童的认知发展，划分出了四个阶段：

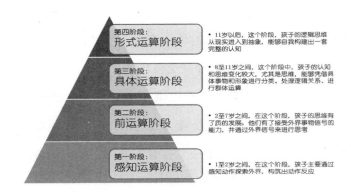

图7-1 儿童认知发展的四个阶段

第一阶段：感知运算阶段。年龄段在1至2岁之间。这个阶段里，孩子主要通过感知动作去探索外界，构筑出动作反应，比如当孩子拿到一个新的玩具时，会不自觉将玩具含在嘴里或抓手上，这就是孩子构筑出的动作反应。随着孩子对外界的探索越来越多，他们对外界也将有初步的认知。

第二阶段：前运算阶段。年龄段在2至7岁之间。这个阶段，孩子的思维有了质的发展。他们有了接受外界事物信号的能力，并通过外界信号来进行思考。比如，孩子听到敲门声后，会想是不是妈妈回来了。这个阶段中，孩子的行为不再是条件反射，他会试着动用思维去解决问题。

第三阶段：具体运算阶段。年龄段在8至11岁之间。这个阶段中，孩子的认知和思维变化较大，尤其是思维，能够凭借具体事物和形象进行分类、处理逻辑关系、进行群体运算，等等。不过，这个阶段，孩子对事物的认知还不能构建成完整的体系。

第四阶段：形式运算阶段。年龄在11岁之后。这个阶段，孩子的逻辑思维从现实进入到抽象，能够自我构建出一套完整的认知。

家长可以根据孩子的认知或年龄，找出孩子所处的阶段。根据每一阶段的特点，选择合适的游戏。这样能够有效地促进孩子社交能力的发展，让孩子的社交能力得到提升。

其次，找出孩子的社交弱点，玩能够攻克孩子弱点的游戏。

每个孩子在社交上存在的弱点都是不同的，比如有的孩子不敢与陌生人交际，但和熟人交际时落落大方；有的孩子不敢在庄重的场合和人社交；有的孩子不敢与异性交往；有的孩子不适应群体；等等。家长通过对孩子社交的观察，找出孩子的社交弱点，并选择出能够攻克孩子弱点的游戏，让孩子参与其中。

比如我们的孩子害怕和群体交际，那么可以带孩子玩

"丢手绢""老鹰捉小鸡"这类多人游戏。在游戏的过程中，孩子会放松自我，当孩子有将游戏玩好的想法时，会尝试着和其他小伙伴交流。孩子每迈出一步，意味着其社交能力又一步提升。渐渐地，就能攻克社交中的弱点。

当然，家长也可以根据孩子的社交的实际情况，设计出最适合孩子的游戏。这样有针对性的游戏，能够迅速帮助孩子成长为一名社交小达人。

02/ 协作游戏，帮助孩子树立合作意识

"合作"这个词能够贯穿人的一生，在孩童时期，如果想要和其他小朋友一起玩耍，就需要懂得合作；在求学时期，如果想要和同学组成学习小组，就要懂得合作；在职场上，如果想要高效率完成工作，更要懂得与人合作。所以，合作意识对孩子的成长和未来的发展是非常重要的。

但是，在现实中，有很多孩子缺乏合作意识，他们不管是在日常生活中，还是校园生活中，从不在乎结果如何，只想当个独行侠。

那么，是什么原因使得我们的孩子没有合作意识呢？

可能是孩子生活在一个自私、冷漠的环境之中。前面我们讲过，环境对孩子的性格、习惯能起到决定性的作用。所以，当孩子生活在一个充斥着自私冷漠的环境中时，他的性格也将自私冷漠，行为也将我行我素。而有着这样性格和行为习惯的孩子，根本没有合作意识，也本能地抗拒与他人合作。

也可能是孩子的社交能力不强。每个孩子的社交能力是不同的，有的孩子社交能力强，有的则社交能力弱。社交能力弱的孩子，他们打心里抗拒与人交往，而与人合作也是一种社交，所以孩子会抗拒合作也在情理之中。

然而，这是个群体社会，每个人都必须要拥有合作意识。合作意识对孩子的重要性有哪些呢？

合作意识能够使人进步。孩子在与人合作的时候，能够看到别人身上的优点，通过与他人的对比，也能发现自己身上的缺点。合作的过程能够使孩子学习到别人的优点，纠正自我缺点。所以，合作能够使孩子变得优秀。

合作能够达成双赢的局面。曾经看过一个很有哲理的故事，有人问教士，天堂和地狱有什么区别？教士将人带去了地狱，地狱里的人每个人手上都有一把勺子，但勺子

的柄太长了，根本放不进嘴里。所以，即使美食在前，地
狱里的人也都饿着肚子。教士又将人带去了天堂，天堂里
的场景和地狱中的场景一样，不同的是，天堂里的人互相
喂食，吃得津津有味。从这个故事可以看出，很多时候，
只有互相合作，才能达到共赢的目的。所以，孩子懂得了
与人合作，就能够为自己赢得更多的荣誉，获得更多的
利益。

合作意识有利于促进孩子的社交能力。在合作的过程
中，孩子会接触到不同的人，通过协作交流，社交能力一
点点得到提升。

因此，帮助孩子树立合作意识是非常有必要的。那
么，如何帮助孩子树立合作意识呢？

最快捷有效的方法之一，就是用协作游戏来帮助孩子
建立合作意识。

协作游戏是一种需要两个或两个以上儿童完成的一种
游戏。协作游戏有明确的规则，有明确的目标，参与者有
各自的任务。游戏中，相互协作的孩子的目标是相同的，
只有通过团结合作，才能又快又好地达成目标。

举一个例子，两人三足是一个协作游戏，这个游戏的
规则是，两个人并排而站，一人左腿与另外一人的右腿绑

在一起，通过相互协作，跑向终点，而这也参与者的任务和目标。在进行这个游戏时，如果不协调好步调，那么就会频繁跌倒。只有步调一致，才能快速地奔向终点。

游戏在孩子的成长过程中，是不可缺少的。在游戏之中，孩子的各方面能力都能得到提升。协作游戏作为一个团体游戏，在游戏的过程中是能够起到建立、提升孩子合作意识的作用的，同时也能提升孩子的社交能力，就像两人三足游戏，两个人想要步调一致，就必须要商量好怎么走，无形中进行了社交。

除了两人三足的游戏外，还有哪些协作游戏能很好地帮助孩子建立合作意识呢？比如拔河比赛。拔河比赛中，参与者被划分成了两组，每组人数相同。两组拉着同一根绳子，朝着各自的方向用力。只有一同使劲，才有可能获胜。

又比如过家家游戏。过家家游戏中会有角色扮演，参与者扮演的角色有各自的任务，在游戏的过程中，孩子只有团结合作，才能将这个游戏玩下去。

协作类的游戏有很多，家长在利用协作游戏帮助孩子建立合作意识时，需要注意几个要点：

首先，选择的游戏必须是孩子感兴趣的游戏。协作游

孩子 的 社交

戏虽然有建立孩子合作意识的效果，但前提是，孩子必须
要主动地投入其中。当孩子有了代入感后，才能渐渐明白
什么是合作意识。倘若选择的游戏孩子不喜欢，很抗拒投
入其中，那么游戏就发挥不了作用。所以，家长在帮助孩
子选择游戏时，要看孩子是否感兴趣。

其次，在协作游戏加入竞争的机制，更有利于激发
孩子的合作意识。每个人都有胜负心理，而孩子的胜负心
更重。胜负心既能够使孩子全身心的投入，又能激励孩子
全力以赴。所以，家长在利用协作游戏培养孩子合作意识
时，可以加入竞争机制，让孩子更深刻、更快速地明白什
么是合作。

最后，在协作游戏中建立奖惩措施。与在游戏中加入
竞争机制的目的一样，建立惩奖惩措施也能够令孩子更为
投入，更加全力以赴。家长可以设定，在协作游戏中获得
第一名的一组可以得到奖励，而最后一名的一组将面临惩
罚。需要注意，协作游戏中的奖惩措施，必须对孩子有吸
引力，要建立在孩子的喜好之上。比如孩子爱吃糖果，那
么可以用糖果来作为奖品。

不管是合作意识，还是社交能力，都是可以建立和培
养的。在协作游戏中，孩子既能获得能力，也能享受到快

乐，何乐而不为呢！

03/ 对抗游戏，让孩子成为 人群中的优秀竞争者

竞争是残酷的，但在这个社会上，我们又不得不去竞争。因为，只有胜利者才能站在巅峰之上，看到更美更宽广的风景。

竞争是无时不刻不在的，在孩童时期需要竞争，在长大之后，依然要去竞争。而孩童时期竞争意识的强弱，能够直接决定长大之后竞争意识的强弱。

作为家长，你有关注过自己的孩子竞争意识吗？我们不妨对照一下自己的孩子是否有以下一些行为表现：

当孩子的所有物被其他小朋友抢走了时，从没想过将其拿回来；

在老师说"哪个小朋友做得最好"时，孩子从没有想过要去表现自己；

当班级竞选班干部时，孩子从来没有竞选的想法；

当有适合孩子参加的比赛时，孩子内心非常地抗拒；

......

当孩子有这些表现时，都能说明，孩子是缺乏竞争意识的。家长需要意识到，竞争意识的缺失会给孩子带来诸多的弊端，比如会令孩子与成功失之交臂。

有竞争，就存在输和赢，而输和赢的概率各占一半。如果孩子去竞争，那么将有一半的概率成功，如果孩子不去竞争，那就意味着完全与成功失之交臂。所以，缺乏竞争意识会令孩子丧失很多的机会。

孩子缺乏竞争意识，会沦为人群中的边缘人物。敢于竞争的孩子是人群中的焦点，哪怕在竞争中失败了，也能吸引人们的注意力。而不敢竞争的孩子是暗淡无光的，无法引起人们注意，最终沦为人群中的边缘人。

当孩子越不竞争，就越不敢竞争，久而久之，就会变得异常胆小，甚至是孤僻、自闭。所以，竞争意识的缺失，对孩子的身心健康、未来成就都是有不好的影响的。因此，培养孩子的竞争意识尤为重要。

如何培养孩子的竞争意识呢？我们可以开启孩子的游戏时间，带孩子投入到对抗游戏当中。

对抗游戏，又被称为对战游戏。这类游戏有明确的规则，特征是竞争，所以存在输赢。这类游戏能够激发孩子的竞争意识，而竞争意识又会令孩子力争上游，以胜利作为目标。

对战游戏，就是两方对战的游戏，比如棋牌类游戏中的象棋、五子棋等。象棋和五子棋中有明确的规则，存在竞争和输赢。当孩子投入到游戏当中后，就会想方设法赢过对方。不过，象棋、五子棋这类棋牌类游戏的规则太多，需要有一定的理解能力，适合年龄大点的孩子。

针对年龄小一点的孩子，比如比赛搭高积木的游戏、比赛跳绳、比赛背诵古诗，等等，只要制定好规则，建立竞争、输赢机制，都属于对抗游戏的范畴。

对抗游戏利用得好，能够让孩子成为十分优秀的人。那么，对抗游戏能够给孩子带来哪些益处呢？

绝大多数的对抗游戏都需要动用脑筋，只有转动脑筋，才能有获胜的机会。当孩子投入到对抗游戏当中后，为了赢，他会不停地去思考。而人的脑袋就像机器一样，转动得越多就越灵活，思维越快。所以，对抗游戏能够促进孩子的思维发展。

在对抗游戏中，孩子会遇到很多的困难，如果向困难妥协，意味着会输。但对抗游戏会让孩子有一颗想要赢的决心，所以孩子会勇敢地面对、克服困难。这个过程，能

够磨炼孩子的意志力，令孩子在现实中遇到困难时，也不会退缩和妥协，只会迎难而上。

每个孩子初次胜利时，会欣喜若狂，会得意忘形，初次失败又会令孩子灰心沮丧。这样的局面，我们并不愿意看到，我们更希望我们的孩子能够坦然地对待输赢。带领孩子玩对抗游戏，能够让孩子经历很多次的胜利和失败。当孩子经历的次数多了，就能够做到胜利了不骄傲，失败了也不气馁。他们只会整装待发，继续前行。所以，对抗游戏有助于孩子心态平和地看待输赢。

更为重要的是，对抗游戏也能够提升孩子的社交能力，因为对抗类游戏也需要沟通和交流。在沟通和交流之中，孩子的社交能力就提升了。

家长在带领孩子玩对抗游戏时，需要引导遵守游戏的规则。

每一种游戏都存在规则，只有遵守规则，比赛才有意义，倘若无视规则，游戏便没有了意义，也无法再继续下去。在对抗游戏中，孩子不遵守游戏规则，不仅不能培养孩子的竞争意识，还会给孩子带来危害。

因为，我们所处的是一个有规则和秩序的社会，不懂得遵守社会规则与秩序，就会被社会所淘汰。有时候，我们的孩子因为年龄小，或者是太计较于输赢，会破坏游戏规则。这个时候，父母要积极引导孩子去遵守游戏的规则。

此外，家长也要给孩子灌输"友谊第一，比赛第二"的观念，不要过于执着输赢。对抗游戏都会有输赢，但赢的只有一方。倘若孩子输了比赛，不管是自己懊恼，还是对战胜者怀恨在心，都是与玩这类游戏的初衷背驰而行。最终的结果，不仅不能树立竞争意识，还会令孩子走入社交的黑洞之中。

人生本来就是输赢不定的，输赢好比得失，得之我幸，失之我命。即使成为输的一方，但也有一段友谊可以收获。

04/ 代价游戏，教孩子领悟 "义务和责任"

在社交中，什么样的人最不受人欢迎？这其中绝对包含了没有责任感的人。因为，缺乏责任感的人身上有着诸多的缺点。

比如，缺乏责任感的人性格冷漠自私，从不懂得去感恩，仿佛别人对自己的付出都是理所当然；缺乏责任感的人通常没有什么自理能力，因为冷漠自私的性格会令他们将事情推卸给别人，久而久之就丧失了自理能力；缺乏责任感的人也没有担当，每当做错事情时，不是为自己狡辩，就是使劲从别人的身上找问题，从不想着自己去承担……

这些众多的缺点，每一样都是人们难以忍受的，所以人们拒绝与缺乏责任感的人有深入的交流，或是成为朋友。

家长们，如果你的孩子总是形单影只，在社交上十分失败，不妨看一看孩子是否缺乏了责任感。一个缺乏了责任感的孩子，通过观察其日常生活，是能够发现的。通常，缺乏责任感的孩子最为典型的行为表现有：

在和其他小朋友玩耍时，会只顾自己的想法，指挥别人做不愿意的事；每当和小朋友发生矛盾时，会一个劲地指责别人的不是；每次犯错误的时候，会为自己狡辩；自己的事情总希望父母或其他人帮自己做好；在面对需要自己承担的责任时，会想方设法趣摆脱；等等。这些行为，都能反映出孩子是缺乏责任感的。

事实上,缺乏了责任感不单单会令孩子在社交上挫败,他们未来人生也将失去很多的机会和机遇,因为没有人愿意将重要的事情交给不靠谱的人去做。

父母需要明白,我们每个人生活在这个世界上,都要遵守世界的规则秩序,所以不可避免要去承担一些义务和责任。孩子如果缺乏了责任感,那么将会被规则秩序排挤到世界之外。世界的规则和秩序是冷漠的,它们可不管孩子会这样不负责任的原因是什么。

因此,家长需要帮助孩子去领悟义务和责任。孩子们领悟后,再去执行,才能在社交上大放异彩。

如何帮助孩子领悟义务和责任呢?可以利用代价游戏来帮助孩子。

代价游戏,顾名思义,就是玩这个游戏需要付出一定的代价,这里的代价也指惩罚。通常,代价游戏也存在规则,规则之中又带有惩罚。对于天性爱玩的孩子来说,他们非常乐意投入游戏当中。在代价游戏中,他们愿意接受惩罚的时候,其实就是在承担义务和责任。通过训练,孩子就会变得有担当,有责任感。

我们来说一些比较常见的适合孩子玩的代价类游戏,比如"你来比画我来猜"。

　　在很多综艺节目中，我们常常会看到一些明星玩"你来比画我来猜"的游戏。猜对了，比画和猜的人会安全，没有猜对的话，比画和猜的人都将接受惩罚，而惩罚的项目也都各种各样。在观众看来，我们看到的是乐趣，但对游戏的参与者来说，他们承担的是义务与责任。

　　"你来比画我来猜"的游戏需要准备的道具有：卡片。卡片分为两类：一类是用来比画和猜的卡片，卡片上可以是字、词语、成语、地名、人名、物名等等；另一类是用来惩罚的卡片，卡片上的惩罚内容可以是深蹲10个、俯卧撑10个等等。而游戏的规则很简单，就是比画的人只能用身体去比画，不能发出声音，失败后需要接受惩罚。

　　这个游戏需要分组来参加，每组的参与者要在个或两个以上。在此，为了方便大家明白，我们设定参与游戏的有A和B两个小组，且每组有2名成员。

　　游戏开始之后，A组的成员先玩，A组的2名成员需要面对面站立，其中一人比画，一人来猜。B组的成员抽取一张用来比画和猜的卡片，只给A组比画的人看。A组比画的人根据卡片上的内容做出动作，以便让同组猜的人能够猜对卡片上的内容。

　　当A组猜对了，换B组成员比画和猜，以此轮流下去；

当A组猜错了，B组成员从惩罚卡片中抽取一张惩罚卡，让A组成员接受惩罚，惩罚过后再换B组比画和猜，当B组猜错了，也将接受A组抽出的惩罚卡片上的惩罚。

比较简单一点的代价游戏，比如"掷骰子数字走棋游戏"。这个游戏需要两个或两个以上的参与者。

在"掷骰子数字走棋游戏"中，有一条标有"起点"和"终点"的路，路上有很多的空格，空格内标有数字，且从起点的数字1，依次往后标注。有一些空格中，有惩罚性的内容，比如"停1次""退回数字X"等。

游戏开始后，孩子需要将代表着自己的棋子一同放在起点的位置上，然后分别投掷骰子，骰子是几点，就走几步。当恰好落在带有惩罚性内容的空格上，就要接受惩罚。就这样，谁先抵达终点，谁就胜利。

当孩子愿意玩代价游戏时，就说明他有了接受惩罚的准备。当孩子玩的投入时，他会认为接受惩罚是理所当然。这个过程，其实就是领悟义务和责任的过程。

代价游戏不仅能让孩子勇敢承担责任，也给孩子提供了社交的机会。因为在游戏之中，孩子需要主动地去交流。而社交能力，是在不断地沟通和交流中提升的。

在带孩子玩代价游戏时，家长有几点需要注意：

第一，代价游戏中的惩罚要适度，要在孩子的接受范围之内。

我们的孩子在玩代价游戏之前，一定会先看一看惩罚是什么。如果惩罚是自己不能承受的，就会退却，如此就达不到利用代价游戏让孩子领悟义务和责任的目的。所以，想让孩子自愿投入游戏，就要把握好游戏中的惩罚，要在孩子的接受范围内。

第二，家长要以身作则，主动接受代价游戏的惩罚。

家长在与孩子玩代价游戏时，如果输了，就要主动接受惩罚，以此在孩子面前做一个良好的表率。这样当孩子输了的时候，他才会主动接受惩罚。相反，如果父母在输了的时候，找各种借口逃脱惩罚，孩子也会有样学样。那么，这个游戏就失去了意义。

第三，在孩子接受惩罚后，家长要及时给予孩子安抚和鼓励。

在玩对抗游戏时，孩子接受处罚后，心里会有些难受，甚至会萌生不想再玩的想法。对此，家长要及时地给予安抚和鼓励，让孩子继续玩下去。只有坚持下去，孩子才能领悟什么是义务和责任，学会承担。

一个人是否有责任感，是人们在社交场合中考量一个人的关键点之一。所以，想让孩子成为一名社交达人，就必须要让孩子明白义务和责任。

05/ 有自闭倾向儿童的社交游戏训练

自闭症，又称孤独症，是一种广泛性发育障碍的代表性疾病。通常患有自闭症的孩子，有这样几个典型的症状：

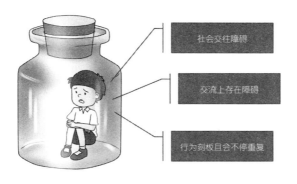

图7-2 自闭症的典型症状

首先，社会交往障碍。自闭症患者在社交方面存在缺陷，他们抗拒与人有目光上的接触，对任何人都不感兴

趣。所以，患有自闭症的孩子不能和同龄的小朋友交往、建立友谊。在情感上，他们既不懂得与他人分享内心的快乐与伤感，也无法理解别人的感受。他们仿佛将自己困在一个黑暗的牢笼之中，蜷缩在其中一角。

其次，交流上存在障碍。患有自闭症的孩子，与人交流时存在明显的障碍。他们的语言理解能力普遍偏低，在表达的时候会词不达意或不停重复。严重一点的孩子，甚至不愿意开口，用沉默来保护自己。

最后，行为刻板且会不停重复。患有自闭症的孩子行为会很刻板，他们会将自己的东西放置在特定的位置上，出门一定要走固定的路线。在刻板之中，又带有重复性。

相较于自闭症儿童，有自闭倾向的儿童在症状上要轻很多。

在社交上，有自闭倾向的儿童也存在缺陷，他们不敢、抗拒与人交往，但是在情感上没有障碍，能够理解别人的感受；在语言上，他们理解能力很好，能够表达得很清楚，但是就是不愿意去说；在行为上，他们抗拒与人接触，不愿意别人碰触自己的东西，但是行为不会刻板而重复。

如果说，自闭症是由于先天因素造成的，那么自闭倾向则是后天因素造成的。比如，与孩子所处的环境有关。

当孩子生活在一个特别安静的环境中，越是缺少交流，就越会自闭。又比如家长对孩子过于严苛，肆意践踏孩子的自尊心，孩子也会封闭自己。

当孩子有自闭倾向时，父母需要及时帮助孩子走出自闭。因为，放任孩子自闭，只会让其自闭的症状越来越严重，也将严重影响到孩子的正常生活。那么，如何帮助孩子脱离自闭倾向呢？

可以带孩子投入社交游戏训练当中。

自闭倾向的儿童，大多都处在自己的世界之中，他们很少会自发性地寻找乐趣。而社交游戏作为一种游戏，它本身具备了欢乐的氛围。当家长带领孩子开启社交游戏的时间，孩子会非常乐意投入其中。

社交游戏，简而言之，就是社会交往类的游戏。社交游戏的范围很广泛，像我们之前说的协作游戏、对抗游戏等，某些也是带有社交的性质的。因为孩子在玩这些游戏的时候，会去沟通和交流。

如果是以交流为主的社交游戏，比较典型的有"传递语言"游戏。

这个游戏需要多人分组参加，参加游戏的小组成员依次面朝一个方向坐成一列，且每个人的耳朵上都必须要带

上噪音耳机。

在此，我们将坐在最后的一个人称为A，与A相邻的是B，以此类推地去标注。A摘下耳机后，会收到一张纸片，纸片上有一段长长的句子。A记忆完毕后，纸片会被收走。A拍一拍坐在他前面的B的肩膀，B转过来后，A会向B说自己记忆下来的句子，让B去记。注意，A只能说一遍。当B记忆完毕后，又再去拍坐在自己前面的C。同样的，B乃至后面的每一个都只能说一遍。就这样，依次传下去。当每一组都完成游戏后，统计哪一组正确率最高，最高的一组将获胜。

这样的游戏，我们在电视上屡见不鲜，能够很好地锻炼孩子的语言能力。此外，情景扮演类的游戏也属于以交流为主的社交游戏，比如假装购物的扮演游戏。

在游戏之中，家长可以扮演顾客，孩子扮演销售员。家长向孩子展示怎么向销售员打招呼、怎么询问价格、怎么讨价还价，等等，孩子会将其中的技巧记忆下来，等到了现实生活之中后，再去运用。

社交游戏之所以能够帮助孩子脱离自闭倾向，正是因为它能够教给孩子人际交往的技巧，也能够提升孩子的语言能力。与此同时，在玩游戏的时候，也能激发孩子的智力，引导孩子学会遵守规则。

如果你的孩子有自闭倾向，在帮助孩子进行社交游戏训练时，必须要注意几个问题：

首先，要结合孩子的实际情况，慎重选择社交游戏。

每个有自闭倾向的孩子，存在的问题都各不相同，他们会有各自的抵触点。比如，有些孩子不愿意与陌生人交往，有些孩子不愿意与多人交往，有些孩子不愿意去陌生的地方，等等。倘若家长选择的社交游戏恰好含有孩子的抵触点，那么这个游戏将无法进行下去，也会令孩子对社交类的游戏产生抗拒的情绪。

其次，在进行社交游戏训练时，要循序渐进。

任何事情，都需要有一个过程，我们帮助孩子脱离自闭倾向，也需要一个漫长的过程。因此，在带领孩子进行社交游戏训练时，要先选择简单一点的社交游戏，当孩子产生成就感，并对社交游戏越来越感兴趣时，再加大游戏的难度，加长游戏的时间。只有循序渐进，才能帮助孩子走出禁锢他的黑暗小屋。

自闭倾向就好比是孩子身上的一个陋习，而任何一种陋习，通过对的方法都是可以去除的。社交游戏训练，能够让孩子在轻松快乐的氛围中，摆脱自闭倾向。